子どもがいない人の生前の備えと手続き

自分らしい最期を迎えるための終活ガイド

行政書士
相続・終活コンサルタント
明石 久美 監修

はじめに

人生も折り返しを過ぎると、親や身近な人の死などを経て、自身の老いや老後を意識する頃です。特に子どもがいない夫婦やおひとりさまは切実です。子どもがいないため親族に頼りたいところだけれど、事情があって親族に頼ることが難しい人もいますし、今は配偶者がいるけれど、子どもがいないしお互い親戚とは付き合いがないから頼れる人がいないという人もいます。

近隣住民や友人にある程度の支援を行ってもらうことはできますが、今は個人情報保護の観点から、行う人の身元や関係性が確認されるようになり、支援できるのは「本人から正式に依頼された人のみ」となり、委任状や契約書などが必要なご時世になってしまいました。

中には、気を使って甥や姪などの親族に依頼をするなら、お金を使って専門家に頼みたいと言う人もいます。反対に、専門家に頼みたいけれど、費用面が難しいから自助努力で何とかすると言う人もいます。

どちらにしても、子どもがいない人やおひとりさまに該当する場合、準備・対策しておくとよいことがあります。ポイントをしっかりと押さえ、そのうえで準備すれば安心につながります。

本書では、子どもがいない人を前提に取り上げていきますが、子どもがいても、当てはまる部分があれば対策をしておくとよい内容もあります。

ぜひ、今後のために知識を持ち、自分の今後の人生のために、自分亡きあと周囲の人が困らないように、役立てていただけたらと願います。

明石久美

子どもがいない人の 生前の備えと手続き
自分らしい最期を迎えるための終活ガイド

目次

※本書の情報は、2024年5月時点のものです。

第1章

子どもが
いない人が
知っておきたい
こと

01

老後・死後のために

子どもがいない人は今後どうすればいい？

自分の介護や死後の手続きなど自分でできないことは誰が行う？

老後・死後のために先々のことを考えておこう

長寿高齢化、核家族化、親戚付き合いの希薄化などで子どもがいない人やおひとりさまなど、老後や死後のことについて、「誰かに頼らざるをえない」人が多くなっています。特におひとりさまはここ数年増えています。

「おひとりさま」といっても、しっかりした〝定義〟があるわけではありません。天涯孤独の人、親族はいるけれど相続人がいない人、事情があって親族に頼れない人、配偶者亡き後は頼れる人がいない人、甥や姪に頼れる人などさまざまです。

本書では「子どもがいない人」を大前提とし、その中で頼れる親族がいない人、甥や姪に頼れる人の大きく2つのケースに触れて、解説していきます。

今は大丈夫と思っていても、将来、足腰など身体が悪くなり、外出がままならないことがあるかもしれません。緊急入院した時に困ったり、介護のサポートや施設探しで困ったり、支払いが必要でもお金が下ろせなかったり……。

考えたくないことですが、身体が不自由になると「ちょっとした困りごと」があるものです。判断力が低下してしまったらなおさらです。

友人や知人が行えるものなら良いのですが、今は個人情報に敏感なため、相手方が拒否したらできません。

また、亡くなった時の遺体の引き取り、医療費の支払い、葬儀、納骨、役所の手続き、各種支払いの精算なども行う人がいなければ相手方は困ってしまいます。何の準備もしていなければ、生きている時は主に本人が困り、本人亡き後は周囲の人が困るのです。

「子どもがいない人」が準備しておきたいものについては、次ページ以降で取り上げていきます。

＜子どもがいない人のケース＞

①頼れる親族がいない人

②甥や姪に頼れる人

＜おひとりさまのタイプは？＞

・天涯孤独
・子どもがおらず一人暮らしをしているが、
　頼れそうな親族はいない
・子どもがいない夫婦で、ともに頼れる親族がいない
・子どもはいるけれど、
　事情があって親族に頼れる状態ではない
・子どもはいないけれど、甥や姪になら頼めそう

備えておくこと

02 今後のために備えておきたい契約は？

生前・死後のために準備しておきたい契約を確認しよう

生前のために備えておきたい契約

今後、身体が不自由になったり判断力が低下したりするかは誰にもわかりません。

もし、このような状態になってしまったとしても、子どもがいればある程度支援してくれるでしょう。

しかし、子どもがいない場合は「頼れる人」がおらず困ってしまいます。甥や姪がいても、こまめに連絡を取っているなら力になってくれるかもしれませんが、ほとんど交流がない場合は頼れる相手にはなりえません。

そのような場合、甥・姪のほか、第三者など頼れる相手へ依頼をしておき、必要な時に支援してもらえるよう事前に準備しておける契約があります。それは、「見守り契約」、「任意後見契約」、「財産管理等委任契約」です。

死後のために備えておきたい契約

死後のために備えておきたい契約もあります。

相続人がいるなら、葬儀や納骨、遺品整理、役所の手続きなどを行ってくれるでしょうが、そもそも頼れなかったり頼れる親族がいなかったりする場合は、「死後事務委任契約」で誰かに依頼をしておけます。

また、〝自分の遺産をどうするのか〟については、「遺言書」が必要です。相続人が自分のきょうだいや甥・姪、もしくは相続人が誰もいない場合には、遺言書がないと手続きが大変になりますし、死後にかかった費用の精算も困ります。

なお、遺言書と死後事務委任契約は役割が異なるため、頼れる親族がいない場合は、両方準備しておきましょう。

準備しておきたい契約

契約	目的
①見守り契約	定期的に連絡をしたり、面談による健康状態や生活状況、判断能力の低下などの確認をしたりする契約です。
②財産管理等委任契約	判断能力はあっても、体が不自由になってしまったときなどの財産管理や見守りをする契約です。
③任意後見契約	判断能力が低下した時に財産管理や身上監護をする契約。事前に任意後見人になってもらう人を決めておけます。
④死後事務委任契約	葬儀、納骨、遺品整理など、死後のさまざまな手続きをします。
⑤遺言書	遺産をどうするのかの指定をし、遺言執行者に遺言どおりの手続きをしてもらいます。

生前・死後の契約の流れ

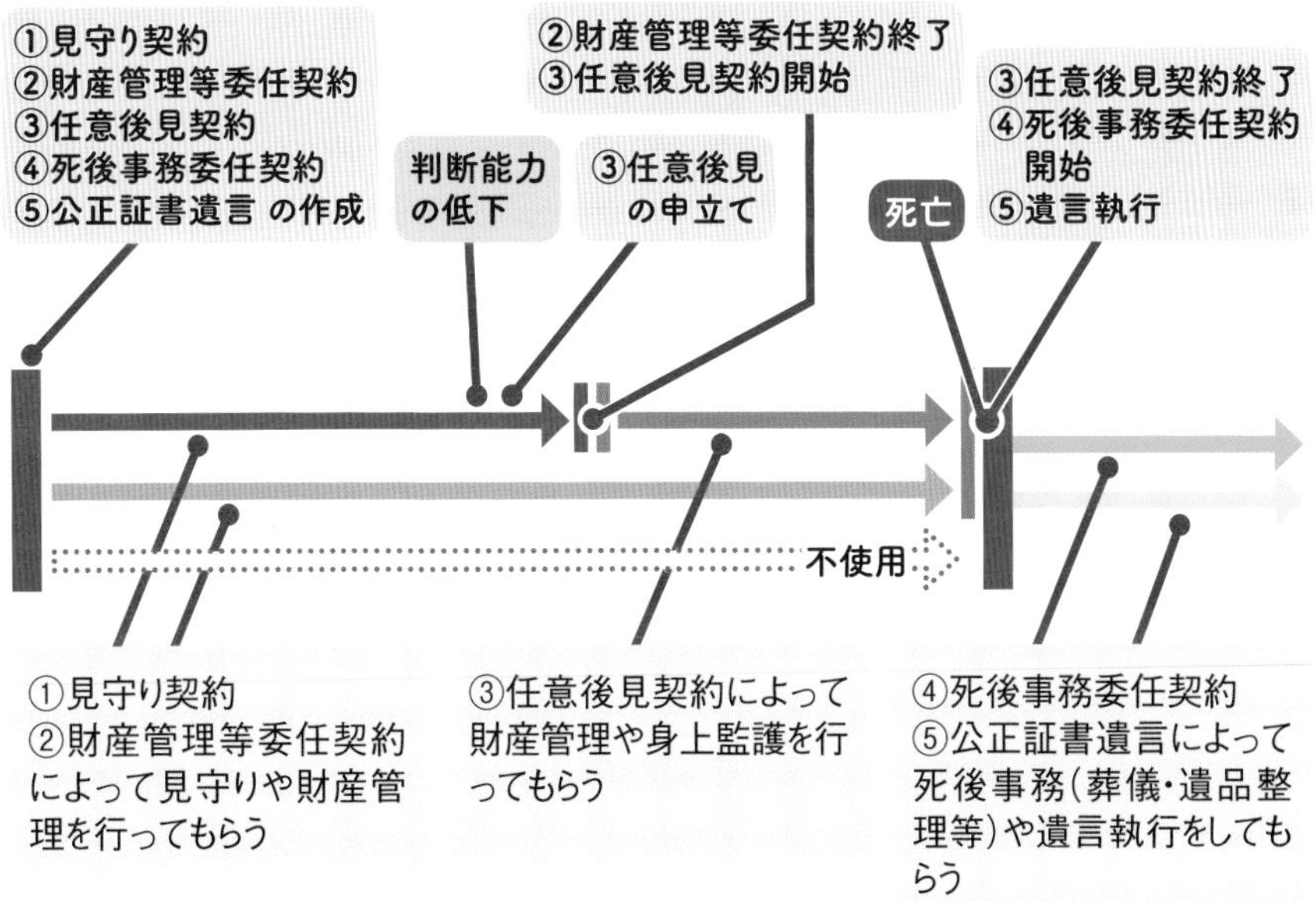

※『読んで使えるあなたのエンディングノート』から引用。

03

備えておくこと

ケースによって準備するものも変わる？

配偶者がいる、甥や姪がいる、頼れる人がいない
など自分はどのタイプ？

パターン別
準備しておきたいことと注意点

①甥や姪に頼れる人

甥や姪が本当に支援してくれるのか、「つもり」ではなく「確実に」行ってもらえるのかの確認は必要です。

甥や姪の場合、親族であっても相手方から「本人直筆の委任状」を求められるケースがあります。作成ができない場合に備え、「財産管理等委任契約」や「任意後見契約」は結んでおいた方が安心です。

また、依頼する甥や姪に遺産を渡したいのなら、「遺言書」の作成も考えておかなければなりません。

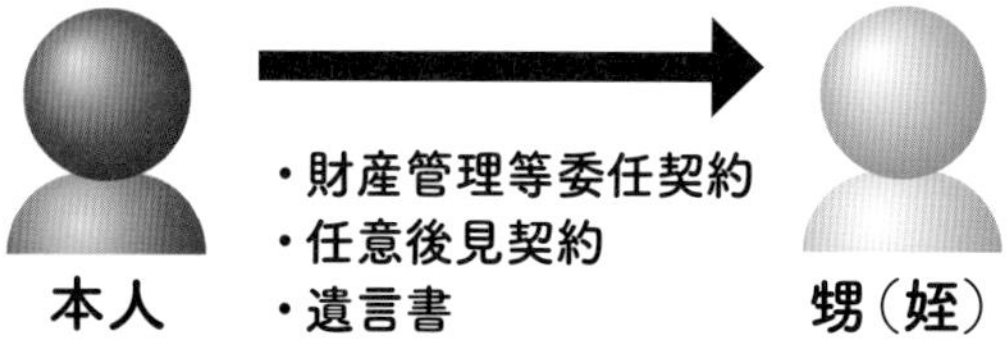

②配偶者がいる

当面はお互いが見守ったり財産管理をしたりしていけばよいのですが、支援ができなくなったり亡くなった場合に備え、夫婦ともに「見守り契約」「財産管理等委任契約」や「任意後見契約」、「死後事務委任契約」「遺言書」を専門家へ依頼しておくと安心です。

特に、夫（妻）の遺産を妻（夫）が相続し、妻（夫）が亡くなった時には、夫婦の財産はどこへ渡すのかも考えておく必要があります。

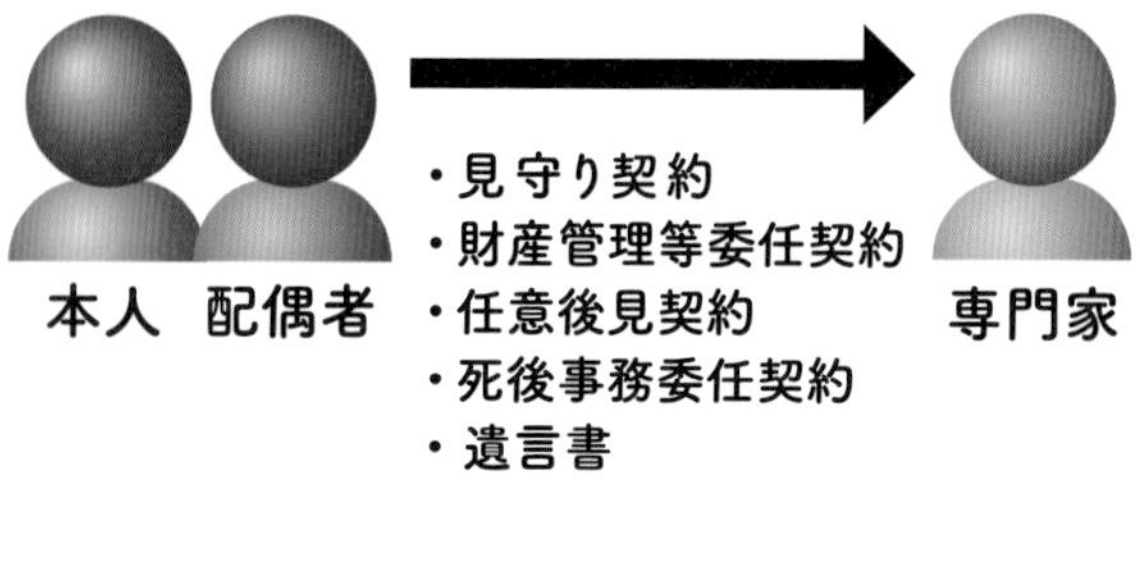

③頼れる親族がいない

頼れる親族がいない場合は、5つの契約を準備しておきたいものです。とはいえ、費用面から全部は難しいのであれば、最低限「死後事務委任契約」と「遺言書」だけは準備しておきましょう。

もし、何の準備もしておらず亡くなってしまった場合、葬儀と納骨は行政が行ってくれます。「遺産の処分」に関しては、利害関係人が家庭裁判所に申し立てすれば、「相続財産清算人」（72ページ）が行います。相続財産清算人が選ばれたとしても、不用品の処分、クレジットカードの解約、役所手続きなど全てを行ってもらえるわけではありません。家庭裁判所に申し立てがなされなければ、放置された状態になってしまいます。

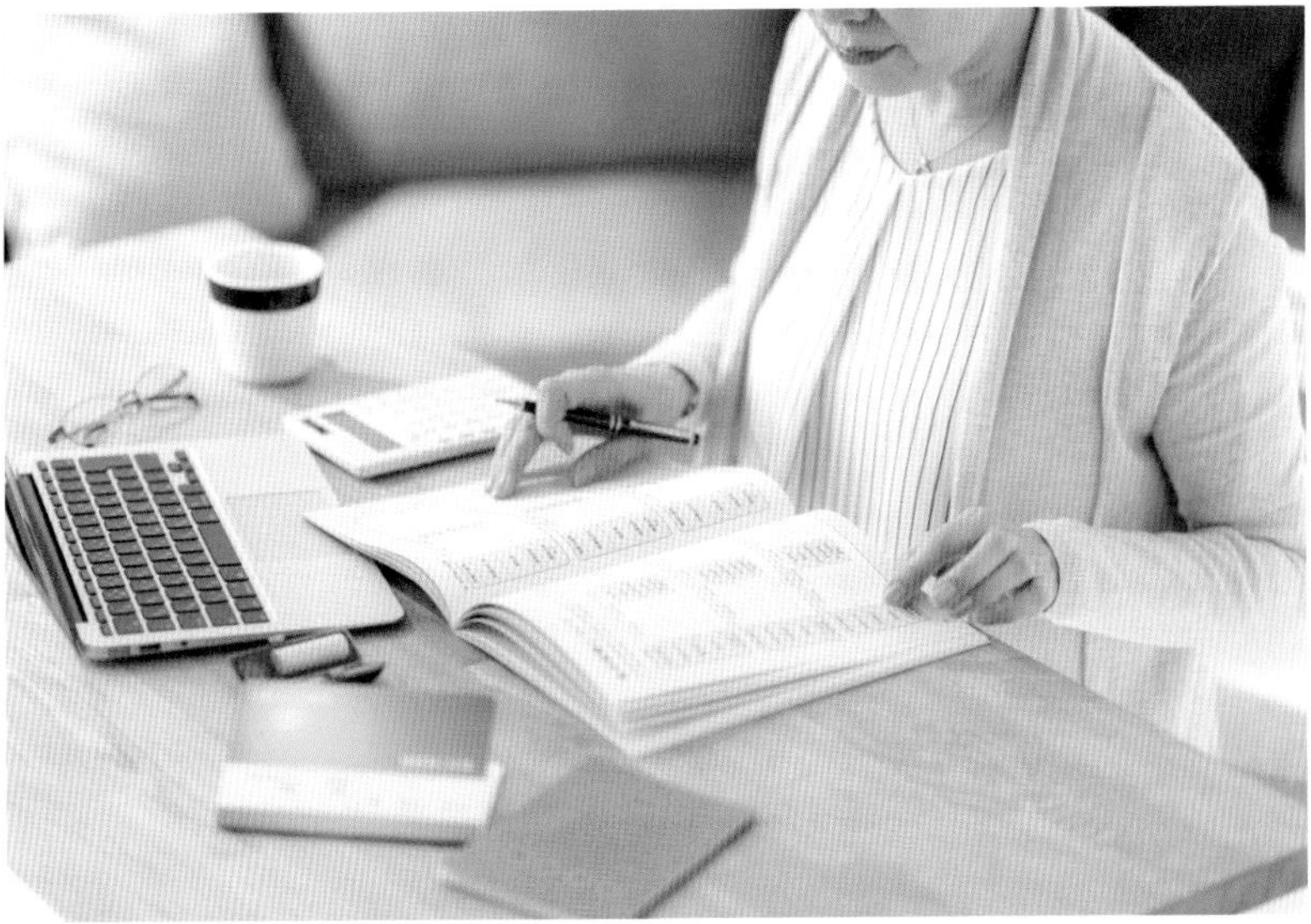

04

備えておくこと

生前・死後の手続きを誰に頼む？

専門家を選ぶ際には、費用、相性、経験、年齢差などを考慮しよう

悩みや不安の内容に応じて依頼する相手を選ぼう

最近、多くの人が終活について真剣に考えています。特に、子どもがおらず、家族や頼れる人がいないならなおさらでしょう。例えば、「独り暮らしが不安になってきた」、「自宅で倒れて亡くなった時、すぐに発見されなかったらどうしよう」などと考える人もいます。不安が大きくなると心配が膨らみ、眠れなくなってしまう人もいるほどです。

たいていの人は、「どこに何を相談できるのかわからない」といいます。行政機関、専門家の先生など相談先は多くありますが、内容によって頼れる場所や人が異なるため、相談できずにいる人も多いという現状があります。老後の一人暮らしや介護について不安がある場合は、市役所や地域包括支援センター、社会福祉協議会などの自治体や行政機関に相談に行ってみましょう。今のままのお金の使い方で大丈夫か、保険の見直しは必要かなどの確認をしたい場合はファイナンシャル・プランナーに相談できます。

また、財産の管理や遺言書作成などは、相続業務を行っている弁護士や行政書士といった専門家に相談できます。

専門家を選ぶ際には、費用、相性、経験、年齢差などを考慮してください。なかでも年齢差と相性はとても大事です。まずは面談をして話をしたうえで、その専門家を見極めることが大切です。「自分と合う先生だろうか」「頼みやすい先生だろうか」「この専門家に何かあった時代理で誰か行ってくれるのか」ということは今後のことを託すに当たり、とても大事な点です。なお、専門家との契約は部分的にすることもできます。例えば、契約書は専門家に作成してもらい、信頼できる親族や知人に実際の支援や手続きを任せることもできます。

一人暮らしを支援してくれる窓口一覧

市役所・区役所の福祉課

市役所や区役所の福祉課では、高齢者福祉に関するさまざまな情報提供や、介護保険の手続き、最適な専門家の紹介、高齢者向け住宅改修の支援など、ひとりで暮らすための幅広いサービスが提供されています。具体的な手続きの方法や必要な書類についても相談できます。

地域包括支援センター

地域包括支援センターは、高齢者の生活支援や介護、健康管理、福祉サービスの提供を目的としています。老後をひとりで暮らすためにケアマネジャーや社会福祉士が、介護サービスの利用方法や生活支援についての相談に応じてくれます。精神的な支援や地域のサービスとの連携も提供しています。

社会福祉協議会

福祉サービスに関する相談のほか、日常自立支援事業として、定期的な見守りや日常的な金銭管理、書類等の預りサービスなどを行ってくれます。ただし、相談以外は、判断力があり外出が困難な高齢者などの利用に限られています。

シニアセンター

地域によっては、シニアセンターや高齢者福祉センターが設置されています。日常生活の相談や趣味活動、健康管理のクラスなどが開かれています。同年代の人々と交流する場としても利用でき、一人暮らしをする人にとって精神的な支えにもなるでしょう。

【コラム】

一人でも豊かな老後を過ごすために

「子どもがいなくて配偶者が亡くなったら、一人になってしまって寂しい」と思いがちです。しかし、裏を返せば、子どもがいないからこそ得られる自由を満喫できるチャンスでもあります。

これまでできなかった趣味や興味の追求やコミュニティへの参加、やりたかった勉強に取り組むために自己投資するなど、新しいことにチャレンジしてみるのはいかがでしょうか。例えば、"世界最高齢"プログラマーの若宮正子さんは、89歳（2024年現在）です。70歳を過ぎてエクセルアートを作ったことをきっかけに、ゲームアプリを開発し、アップルCEOのティム・クック氏から「世界最高齢のアプリ開発者」と紹介されました。

「歳を取って家族もいなくなったから何もできない」と暗くなって家に閉じこもってしまいがちかもしれません。しかし、一人だからこそ自由を獲得できたと考えて、前向きに進むことで新しい世界が見えてくる可能性もあるでしょう。

笑って過ごす老後、泣いて過ごす老後、どちらを選ぶのもあなた次第。一人でも豊かな老後を過ごすために、自由を活かして新しいことにチャレンジしてみることをおすすめします。

第2章
もしもの時に困らない生前の備え

05

生前・死後の委任契約等

契約書作成のタイミングは？

元気で判断力がしっかりしている内に契約手続きを済ませておこう

頼れる人がいない場合は早めに専門家に相談しよう

備えておきたい準備は10ページで紹介したとおりですが、これらはどのタイミングで契約するとよいのか、契約した後はどうなるのかについて見てみましょう。

まず大前提なのが、依頼する人とされる人双方に判断力がなければなりません。

しかし、今すぐ必要ないからと先送りする人もいます。

ですが、これらの契約は、契約した時からスタートするわけではなく、必要な時にスタートする（させる）ことができますので、早めに契約をしたほうが安心です。契約しても、生きているときの支援に関する契約は使わずに済む人もいます。

最近は、施設入所や病院入院時に、先方から、「おひとりさまの場合、財産管理の契約や判断力が低下した時の契約、死亡してしまった時に遺体の引き取りをしてくれる契約などを専門家と交わしてほしい」と言われるケースが増えています。

イザその時に慌てて専門家を探そうと思っても、本人の健康状態が良くなければ探すのも契約するのも大変です。契約するにしても、必要書類をそろえたり、公証役場の予約をしたり、それなりの時間がかかってしまいます。また、場合によっては投薬によって判断力が不安定になり、契約できないケースもあります。

今は誰もが個人情報に敏感なため、第三者が支援するのは、「本人から依頼されている事実」が必要です。支援を望むなら、そのような準備をしておかなければならないということです。

依頼から契約までの流れ

自分を支援してくれる人を決める

↓

何の契約等を依頼するのか決める

↓

依頼する内容の詳細を決める
（専門家に契約書の作成をしてもらう。甥・姪に依頼する場合は、
直接公証役場で作成してもらうこともできる）

↓

公証役場で契約書等の作成依頼をする

↓

公証役場より届いた下書きの内容を確認する
（ケースによる）

↓

公証役場で契約する日を予約する

↓

当時者が公証役場で契約等をする

↓

必要な時から支援がスタートする

06 生前・死後の委任契約等

複数の人と契約してもいいの？

同じ人へ依頼（契約）したほうが、効率的かつ効果的なサポートが期待できる

普段の生活状況や財産の状況から最適な管理を行うことができる

これまで解説してきた契約は、できたら同じ人に依頼したほうがスムーズです。

例えば、「見守り契約（A）」で、定期的に健康状態や生活状況を確認してもらっていれば、「財産管理等委任契約（B）」をスタートさせても、プラスして財産管理を行ってもらえばよいだけです。

また、判断力が低下してきた時に、「任意後見契約（C）」で後見人として財産管理をする時もスムーズです。

亡くなった場合、（A）（B）（C）の契約では死後のことは行えません。「死後事務委任契約（D）」と「遺言書（E）」で行っていくからです。

たまに、生前のことはXさん、死後事務はYさん、遺言執行はZさんという人がいますが、（A）（B）（C）の生前の契約相手と死後のことを行う（D）の契約相手が違う場合、スムーズに引継ぎができない場合があります。

また、死後のことでも（D）と（E）を行うのが別の人の場合、お互いの状況が把握できず行いにくい現状があります。

なお、甥や姪などが間に入って連絡を行ってくれるのなら、（A）（B）（C）は専門家X、（D）（E）は専門家Yといった形にしても問題ありません。

同じ人へ依頼したほうが良い反面、同じ人だからこそ、それがリスクにもなりえます。本人の判断力が低下していても任意後見契約に移行せず財産の管理をしていたり、死亡後に遺産の寄付をするにしても、それを監視する人がいない場合、正しく行われているかの確認をどうするのか、といった点も考えておくことが大切です。

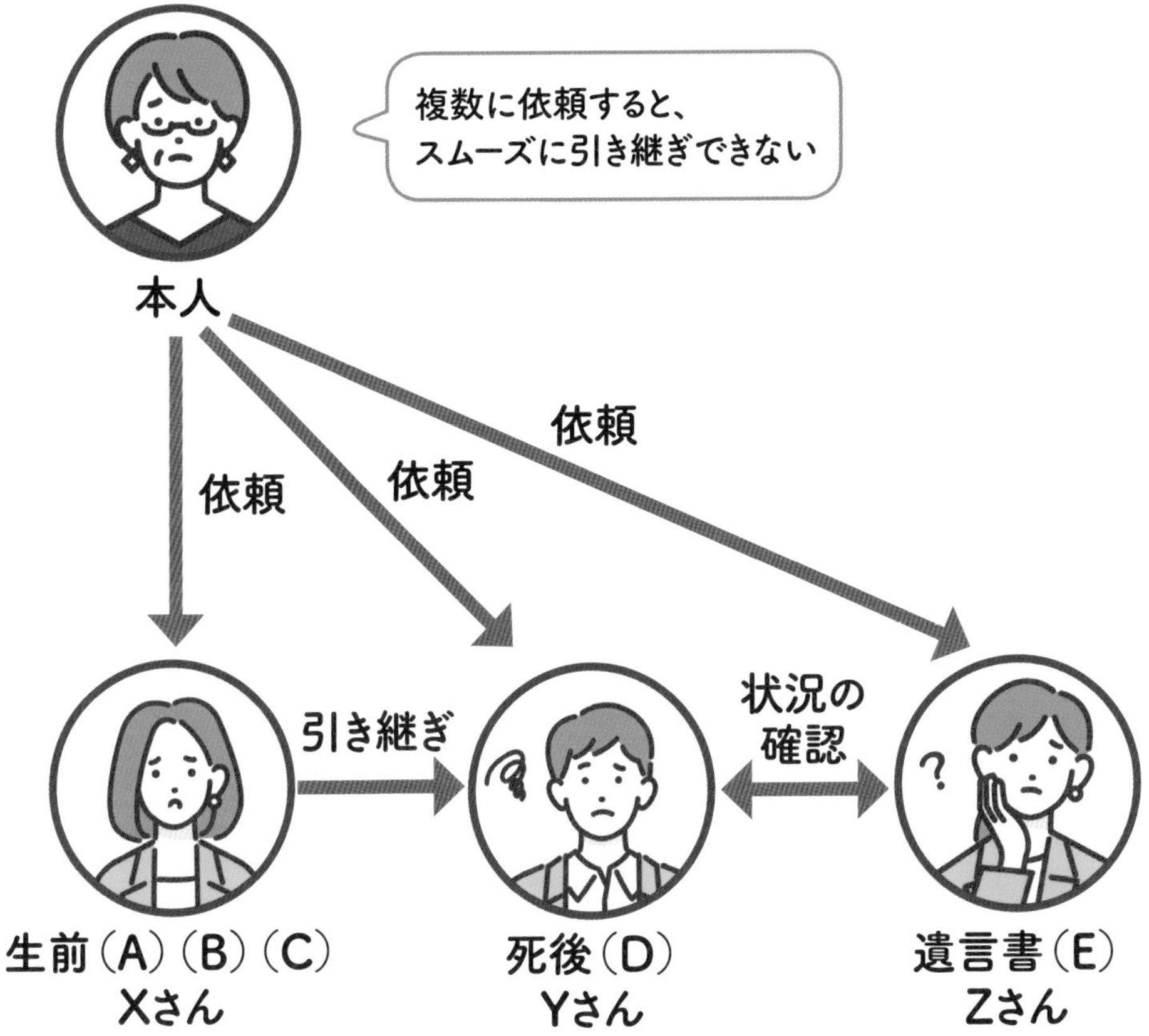
複数に依頼すると、
スムーズに引き継ぎできない
本人
依頼
依頼
依頼
引き継ぎ
状況の
確認
生前(A)(B)(C)
Xさん
死後(D)
Yさん
遺言書(E)
Zさん

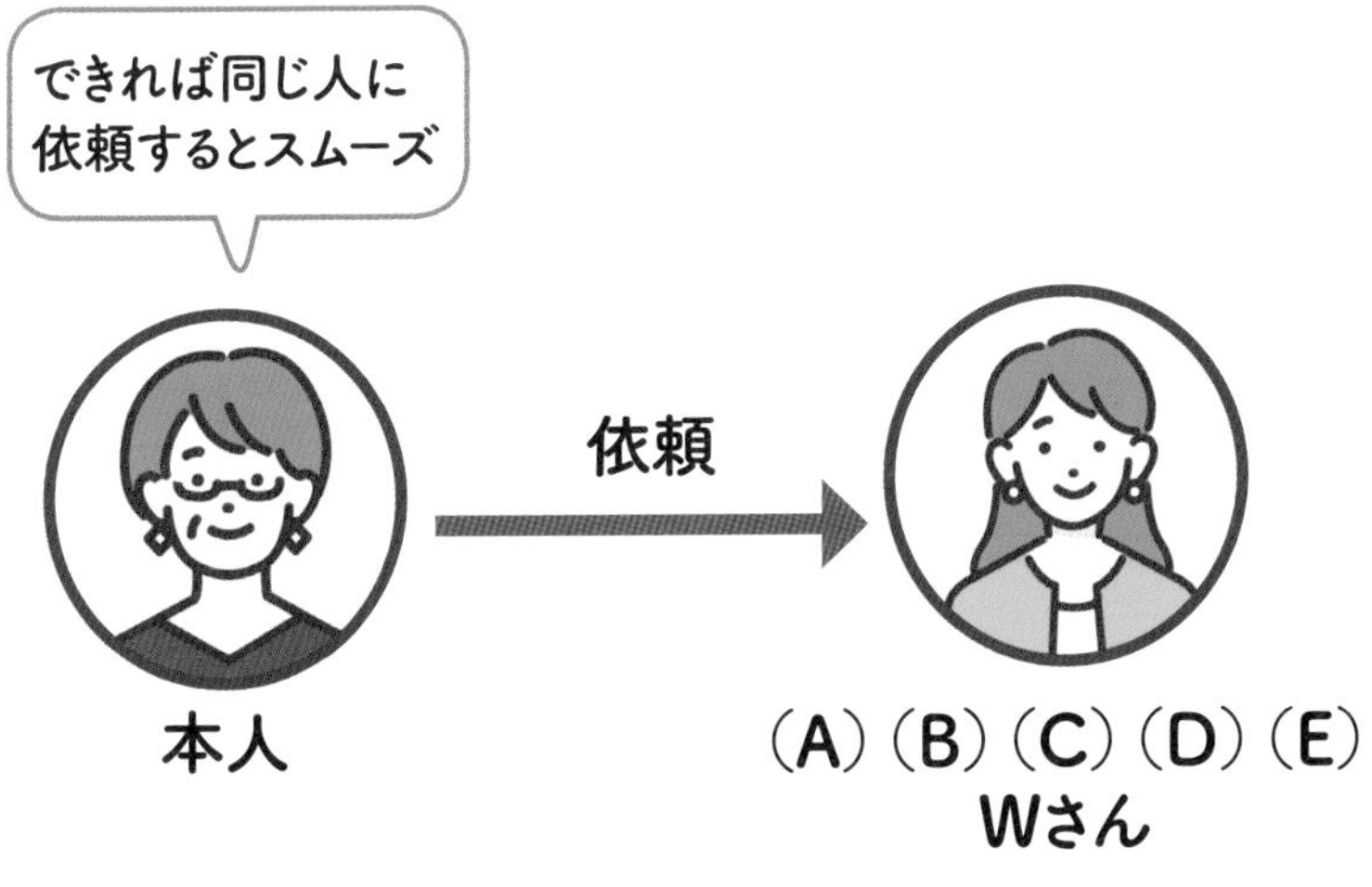
できれば同じ人に
依頼するとスムーズ
依頼
本人
(A)(B)(C)(D)(E)
Wさん

07 見守り契約

健康や生活状況、判断力など確認してくれる見守り契約

定期的な面談や連絡で自分一人では気づきにくい変化に早く対応してくれる

子どもがいない人でも安心して生活できる

一人で老後をどう過ごすか具体的に考えたことはありますか?

例えば、現在60代で、病気やケガもなく、毎日を元気に過ごしていたとしても、70代、80代になった時、もし自宅で急に体調を崩したらどうなるでしょう。すぐに連絡できる人がいなかったり、何日も体を動かせない状態になったら……。

そんな時に役立つのが、「見守り契約」です。「見守り契約」とは、自分一人では気づきにくい健康や生活の変化に早く対応できるように、定期的に第三者がチェックしてくれる契約のことです。

例えば月に1回程度、電話で元気かどうかの確認をしたり、2ヶ月に1回程度、訪問によって健康状態や部屋の様子を見たりするなどです。もし電話がつながらなかったり、実際に会ってみて何か心配なことがあったりしたら、病院や福祉の専門家につないでくれます。

この契約は、必ずあったほうが良いものではなく、ご近所の方、室内に設置した機器などの見守りでも大丈夫です。とはいえ、もしものために見守り契約を結んでおいたほうが安心です。この見守り契約は、契約した時からスタートするのではなく、将来必要になった時、契約相手に契約をスタートさせたい意思表示することで開始されます。そのため、契約があればいざという時にスタートさせることができますし、不要なら意思表示をしなければよいだけです。

大切なのは、早めに準備をしておくことです。自分が健康でしっかりとした判断ができるうちに、誰にどんなサポートをしてもらいたいかを考えるところからはじめてみてください。

見守り契約の方法

2ヶ月に1回
程度の訪問

月に1回程度、
電話で健康状態
など確認

＜契約の内容＞	＜対応できないこと＞
生活や健康の状態を把握、介護・福祉サービスが必要か確認、判断力の確認	身辺の世話や世間話の相手、買い物の手伝いなど

08 判断力はあっても財産管理ができなくなった時はどうするの？

財産管理と生活状況や健康状態の把握をしてくれる財産管理等委任契約がおすすめ

自分の財産は信頼できる人や専門家に管理してもらおう

もし、緊急入院したら何が困るでしょうか。もし、足腰が不自由で移動が大変な状態になった時、どのようなことで困るでしょうか。考えたことがある人は少ないでしょう。

むしろ、「考えたくない」というのが正直なところでしょうか。

判断力に問題がなくても、預貯金の引き出しや支払い、不動産の管理などができない時にどうするのか、福祉サービスの利用契約で困った時にどうするのかということも、今後のために考えておきたい事柄です。

そのような時のために備えておける契約として、「財産管理等委任契約（任意代理契約とも言う）」があります。

財産管理等委任契約は、契約を交わしたとしても、本人に判断力があるうちはスタートさせなくても大丈夫です。

もし自分で財産管理などができなくなった時には、契約をスタートさせたい意思表示を契約相手にすればその日から行ってもらえます。

とはいえ、本人には判断力があるため、本人が結ぶべき契約は本人が行うのが大前提です。そのため、契約相手は「使者」という感じの役割になることもあります。

そしてこの契約は、預貯金口座の管理や支払い、入院や介護契約などの締結、介護認定の申請、生活状況や健康状態の把握などを行うものであって、日常生活をサポートする業務は含まれていません。

どのようなことを行ってもらえるのか、行ってもらえないのか、お互いの認識を明確にしておくと安心です。

財産管理等委任契約の内容

- 預貯金口座の管理や各種支払い
- 入院契約、介護、福祉サービスの利用契約などの締結
- 介護認定の申請や福祉関係の措置の申請
- 生活状況や健康状態の把握

<主なメリット>

- 判断能力があるけれど、病気やケガなどで外出できないなどの身体上の問題がある時に、財産の管理を委任できます。
- どのような財産の管理をしてもらうのか決めることができます。
- 誰かに手続きを依頼する場合、その都度、委任状を書く必要があります。しかし、契約書があれば、個別に委任状を作成する必要がありません。

任意後見契約

09 認知症になった時の備えは?

判断力が低下してしまった時のために、備えておく任意後見契約

子どもがいなくても後見人になってもらいたい人を決めておける

老後を迎える時、誰か大切な判断を手伝ってくれる人はいますか? 例えば、もし将来、判断力がおとろえて、自分で物事を決められなくなったとしたらどうするか考えてみましょう。そんな時に役立つのが「任意後見契約」です。

任意後見契約とは、自分の意志がしっかりしているうちに、将来のために信頼できる人を選び、自分の判断力が低下した時に、自分に代わって財産管理や、生活に関する大切な契約や手続きをしてもらうための契約です。この契約に限っては、必ず公正証書によって作成しなければならない法律になっています。

つまり、将来、自分が判断力を失った時に備えて、自分の代わりに決めてほしい人を、あらかじめ選んで依頼しておけるのです。子どもがいない人でも甥や姪などの親族がいれば、彼らを依頼相手として選べます。もし親族が近くにいない場合でも、信頼できる友人・知人や専門家（相続業務を行っている弁護士、司法書士、行政書士など）でも大丈夫です。ただし、ある程度年下で、確実に行ってもらえる相手を選ぶ必要があります。

なお、契約書を作成しても、契約の発効（スタート）は、本人の判断力が低下しているとみなされた段階で、依頼した相手や本人の親族が家庭裁判所に任意後見契約の発効の申し立て（「任意後見監督人選任の申立て」という）をした時からになります。

この契約は、必ず「任意後見監督人」がつき、その報酬も必要になります。家庭裁判所が監督人を専門家の中から選び、報酬額も決めるルールになっています。つまり、契約で依頼した任意後見人へ支払う報酬のほか、任意後見監督人への報酬も必要になる点がネックです。

任意後見契約の仕組みは?

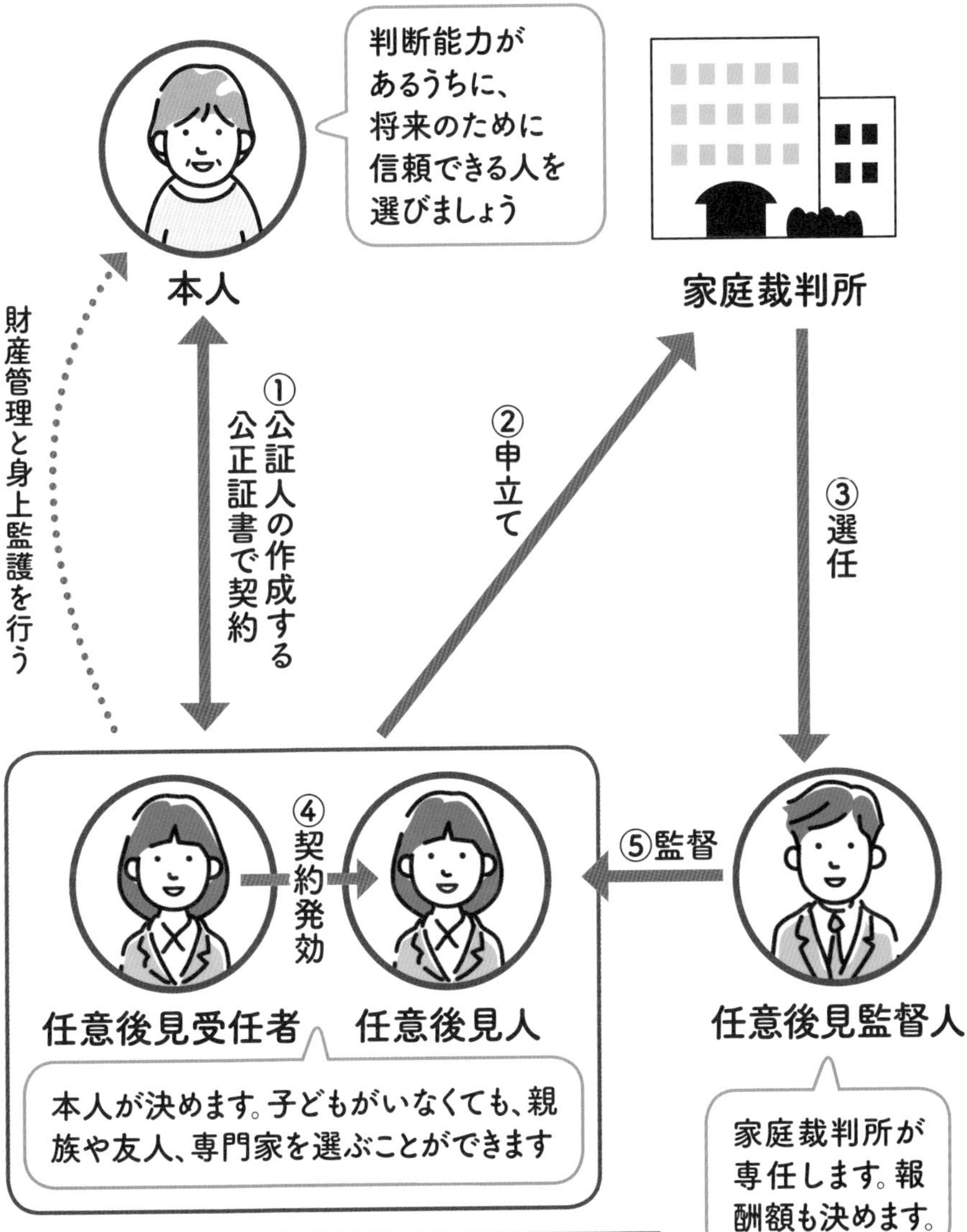
判断能力があるうちに、将来のために信頼できる人を選びましょう
本人
家庭裁判所
財産管理と身上監護を行う
①公正証書の作成する公正証書で契約
②申立て
③選任
④契約発効
⑤監督
任意後見受任者
任意後見人
任意後見監督人
本人が決めます。子どもがいなくても、親族や友人、専門家を選ぶことができます
家庭裁判所が専任します。報酬額も決めます。

必ず公正証書での契約が必要

任意後見契約は公正証書にすることが義務付けられています。しかし、実務上は見守り契約や財産管理等委任契約、死後事務委任契約なども公正証書で作成されます。

10 成年後見制度

任意後見と法定後見の違いは?①

任意後見人はあらかじめ自分で決めることができる

元気なうちに自分で決めておく場合と、家庭裁判所が決める場合がある

判断力が低下し、自分で契約や財産管理ができなくなった時、誰かに代理で動いてもらわなければなりません。

しかし、判断能力のない人の代理は、成年後見制度という法律に基づいて選ばれた後見人などでなければできないとされています。

そもそも成年後見制度は、判断能力が低下した人の財産管理や身上監護(生活・介護・医療などの契約に関する契約や手続き)などの法律行為を行ってもらうものです。

そして、この成年後見制度には、「任意後見制度」と「法定後見制度」という二つの種類があります。

「任意後見制度」は、後見人になってもらいたい人と、事前に「任意後見契約」を結んでおき、判断能力が低下した時に依頼した相手などが家庭裁判所に申し立てをして「任意後見人」になるものです(詳しくは26ページ)。

「法定後見制度」は、任意後見契約を結んでおらず、判断能力が低下した時に、四親等内の親族などが、医師の診断書や本人の戸籍謄本や住民票、財産や収支の一覧などさまざまな必要書類を準備したうえで、家庭裁判所に申し立てをし、家庭裁判所が誰を後見人(判断能力の程度に応じて、保佐人、補助人の場合もある)にするか決めるものです。

おひとりさまの場合、申し立てをしてくれる親族がいるのか、見ず知らずの専門家が後見人になって、全て決められるのでもよいのか、といったことを考えておかなければなりません。

成年後見制度の概要

- **成年後見制度**
  - **法定後見制度＝家庭裁判所が選ぶ制度**
    - 後見：本人の判断能力がまったくない場合に後見人が選ばれる
    - 保佐：本人の判断能力が著しく不十分な場合に保佐人が選ばれる
    - 補助：本人の判断能力が不十分な場合に補助人が選ばれる

    ※場合に応じて、後見（保佐・補助）監督人も選ばれる
  - **任意後見制度＝契約で準備しておく制度**

    将来の判断能力低下に備え、信頼できる人と公正証書で任意後見契約を結んでおき、判断能力が低下した時に任意後見人になってもらう。必ず、家庭裁判所が任意後見監督人を選びつける。

後見人などの主な職務

財産管理	預貯金・株の配当・年金などの管理や、税金・公共料金・保険料などの支払い、不動産の管理など
身上監護	介護保険関係の手続や介護契約・施設入所手続、入院契約など

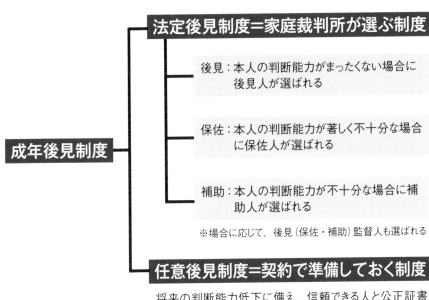

11

成年後見制度

任意後見と法定後見の違いは？②

任意後見契約を結ぶのが難しい場合 法定後見制度を利用するしかない

依頼できるなら、任意後見契約があったほうがよい

任意後見契約は、契約相手に「このような時にはこうしてもらいたい」といった要望を事前に伝えておくことができます。また、申し立てをしてくれる親族がいなかったとしても、契約した相手（任意後見受任者という）が申し立てをすることができます。

一方、「法定後見制度」の場合は、基本的に親族が家庭裁判所に申し立てをしなければなりません。なかには、関与自体を拒否する親族もいます。また、見ず知らずの専門家が後見人になる確率が高いため、本人の要望や意図は汲んでもらえない傾向にあります。このような理由から、任意後見契約を結んでおくと良いのですが、契約相手が専門家の場合、契約がスタートすると月々の報酬が必要になってしまうため、「依頼したくてもできない」という人もいます。

報酬額も管理財産額によって家庭裁判所が決める

「法定後見制度」は、すでに判断能力が低下している時、親族や市区町村役場（親族申し立てが難しい場合）などが家庭裁判所に申し立てをし、後見人（保佐人・補助人の場合もある）を決めてもらう制度です。後見人になってほしい候補者を挙げることができるものの、財産額が多い場合は、専門家（主に弁護士や司法書士）が選ばれがちです。

甥や姪などが選ばれたとしても、専門家の後見監督人がつけられることもあります。また、一度後見人になると、基本的にはやめられません。

なお、報酬額も家庭裁判所が決め、通常業務以外のものは別途費用がかかることがあります。

【申し立てができる人、申し立て先、かかる費用、必要な書類】

申し立てができる人	本人、配偶者、4親等内の親族(親、子、孫、きょうだい、おじ、おば、甥、姪、いとこ、配偶者の親や子、きょうだいなど)、市区町村長、任意後見人ほか
申し立て先	本人の居住地を管轄する家庭裁判所
かかる費用	12,000円〜120,000円程度(病院により診断書費用・鑑定費用が違う。補助類型の場合は鑑定費用が不要)
必要な書類	①申立書 (家庭裁判所で入手) ②申立事情説明書 ③親族関係図 ④本人の住民票と戸籍抄本 ⑤家庭裁判所所定の診断書および付票 ⑥本人情報シート ⑦登記されていないことの証明書 (法務局で取得) ⑧後見人等候補者の事情説明書 (候補者が親族の場合) ⑨後見人等候補者の住民票 ⑩親族の意見書 ⑪本人の財産目録 ⑫本人の収支予定書 ⑬⑪と⑫に関する資料のコピー ほか

【管理財産額(預貯金及び有価証券等の合計額)別基本報酬】

	管理財産額	基本報酬(月額)
後見人(保佐人・補助人含む)	1,000万円以下	20,000円
	1,000万円超~5,000万円以下	30,000円~40,000円
	5,000万円超	50,000円~60,000円
後見監督人	5,000万円以下	10,000円~20,000円
	5,000万円超	25,000円~30,000円

12 自分の要望を明確にしておこう

治療方針は事前指示書で、延命治療は尊厳死宣言書で準備しよう

治療方針や延命治療をどうするか意思表示すること

子どもがいない人の中でも、頼れる親族がいないおひとりさまならなおさら、病気やケガなどで治療が必要になった時、どのように治療して欲しいのか、また、123ページにある「趣味・嗜好」も明確にしておきたいものです。本人が意思表示できるのであれば問題ありませんが、意思が伝えられない状態の時のために役立ちます。治療について判断が必要になった時、配偶者や子どもがいるならその家族が判断するでしょうが、親族がいたとしても関係性が遠かったり、まして第三者では判断が難しいものです。

本人の要望がわかれば、それを医療従事者に伝えられます。もちろん、本人から口頭で言われたというのでは本当かわかりませんから、しっかり書面に残し、本人の要望だと分かるようにしておくことは最低限必要です。

残しておきたい情報としては、病歴や持病、日常的に飲んでいる薬、アレルギーなどの事実情報のほか、相談してほしい人、半年以上寝たきりになった時にどうしてほしいか、認知症になった後の医療やケアについて、余命や病名の告知、終末期の医療行為やケアの希望などについてです。これらは、「事前指示書」や「人生会議（ACP）」などの情報です。自治体、病院、インターネットなどで入手し、意思を明確に示しておくと支援してもらう時に役立ちます。

また、延命治療について決めておきたいのなら、「尊厳死宣言書」を準備しておくと安心です。公証役場で作成する「尊厳死宣言公正証書」のほか、公益財団法人日本尊厳死協会に入会して「リビングウイル」を作成しておく方法があります。これらの書類を準備し、支援してもらう人に伝えておくと安心です。

事前指示書の例

- 余命や病名の告知
- 心臓マッサージなどの心肺蘇生
- 延命のための人工呼吸器の使用
- 胃ろう増設による栄養補給の可否
- 鼻チューブ
（経鼻からカテーテルを挿入し経管栄養材を投与する）
からの栄養
- 補給の可否
- 点滴による水分補給　など

●リビングウイル

日本尊厳死協会に入会すると、会員証1枚と、リビング・ウイルの原本証明付コピー2枚が送付されてきます。年会費／1人2000円、終身会員／1人7万円
日本尊厳死協会：TEL 03-3818-6563

●尊厳死宣言公正証書

公正証書で作成する文書。ある程度決まったひな形にそって、公証人と面談し作成します。印鑑証明書と実印が必要です。

作成手数料／1万3000円～1万4000円

生前・死後の委任契約等

13 契約にはどのくらい費用がかかるの？

主に契約書を作成する時と契約がスタートした時から費用が発生

契約書などを作成した時にかかる費用

専門家へ「見守り契約」、「財産管理等委任契約」、「任意後見契約」、「死後事務委任契約」「公正証書遺言」の作成を依頼すると、報酬が必要になります。これらセットで15～50万円、それ以上の場合もあります。

そして、これらの書類は公正証書にするため、公証役場の手数料が8万円～16万円、それ以上かかることもあります。特に遺言書は財産額によって手数料が変わります。

契約がスタートした時からかかる費用

先の契約のうち、「見守り契約（A）」と「財産管理等委任契約（B）」は、〝依頼した時から〟契約がスタートします。（A）→（B）とスタートさせる場合は、（A）の契約が終了し（B）に切り替わります。もちろん、（B）からスタートさせることもできます。そして、判断力が低下した時には、受任した専門家が「任意後見契約（C）」をスタートさせるため、（A）や（B）の契約は終了となります。かかる費用は専門家により異なりますが、たいてい（A）は月額5千円～、（B）と（C）は基本報酬として月額3万円～です。（B）や（C）は、毎月行うもの以外に例えば、施設入所契約や不動産売却などをした場合には別途の報酬が必要になります。

「死後事務委任契約（D）」は、すぐに発生する支払いに備えて「預託金」を依頼する専門家に預けておきます。その額は10万円～数百万円です。報酬額は、（D）は30万円～、「公正証書遺言（E）」の遺言の執行も30万円～とかかりますが、この2つは本人亡き後、遺産の中からの支払いになります。

契約書などの作成費用

専門家への報酬 15万～50万円

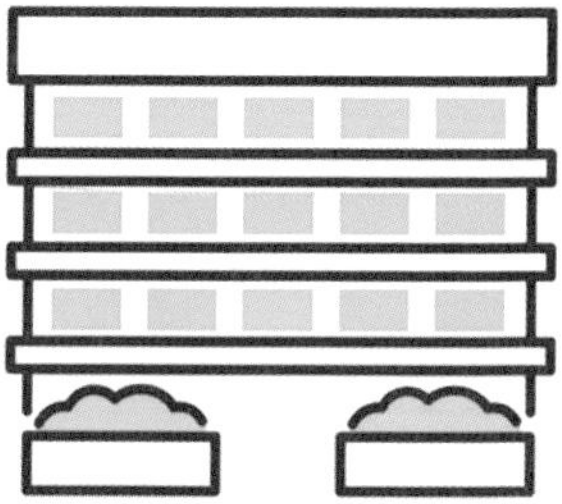

公証役場の手数料 8万～16万円

契約がスタートしてからかかる費用

見守り契約	月額5千円～
財産管理等委任契約	月額3万円～
任意後見契約	月額3万円～
死後事務委任契約	30万円～
遺言執行	30万円～

14 専門家へ依頼するお金がない時はどうすればいい？

友人の協力や福祉サポートなどお金をかけずに対策できることをしておこう

福祉とつながっておくと必要な情報を得られたり、支援を得やすい

子どもがいない人が準備しておきたい契約は、費用面から契約が難しい人もいます。その場合、極力費用をかけずに行える準備をしておく必要があります。見守りは、ご近所の方や友人などに協力してもらうことができます。

財産管理は、社会福祉協議会などが行っている日常生活自立支援事業といった福祉サポートを利用することである程度カバーできます。

ただし、誰でも利用できるわけではなく、支援が必要な人だと判断した場合に限られ、契約できる能力も必要です。契約できたとしても、判断力がない状態になった時には契約終了になり、あとは法定後見制度を利用して後見人に支援してもらうことになります。

金銭面に余裕のない人は、福祉とつながっていれば、必要なサービスの情報を得られたり、安価な費用で支援してもらえたりしますので、積極的につながるようにしておくと安心です。

死亡後のことに関しては、「死後事務委任契約」と「遺言書」は必要です。

死後事務委任契約は実務上、公正証書で作成するため、多少の費用はかかってしまいます。遺言書に関しては、相続業務を行っている専門家にアドバイスしてもらったうえで、自筆証書遺言での作成も可能です。これらを作成する際に費用はかかるものの、死後に実行した報酬は遺産から支払われるため生前の負担は少なく済みます。

とはいえ、財産があまりない人の受任（死後事務の支援や遺言執行）を積極的に専門家が受けるとは限りません。専門家に頼れない場合は、頼れる相手を探す必要があるということも念頭に置いておきましょう。

友人に見守りを協力してもらう

専門家と見守り契約をする代わりに、友人に定期的に会ってもらい、健康状態や生活状況を確認してもらう方法が考えられます。

日常生活自立支援事業の対象者

- 判断能力に不安を持っている人
（契約は自分の意思でできる人）
- 福祉サービスの利用手続きを自分一人で行うことが不安な人
- 体を動かすのが難しく、自由がきかない人
- 公共料金の支払い、預金の出し入れ、重要書類の保管を自分一人で行うことに不安がある人

利用できるサービスの主な種類と内容

- 福祉サービスの利用援助
（利用に関する情報提供・相談など）
- 日常的金銭管理サービス
（年金などの受領、各種支払いなど）
- 書類などの預かりサービス
（通帳、実印、権利証などの預かり）

15 その他のサービス

身元保証等高齢者サポートサービスとは？

団体や事業所が身元保証のみならず、定期的な見守りなども行ってくれる

このサービスは、団体や事業所が身元保証のみならず、定期的な見守り、病院等への付き添い、認知症になった時の後見人、死亡時の葬儀、納骨、遺品整理、遺言執行など、生きている時から死亡後のことまでを行うサービスをいいます。

あらかじめ、見守り契約、財産管理等委任契約、任意後見契約、死後事務委任契約、公正証書遺言などを結んでおくものなので、専門家へ依頼するのとほとんど変わりませんが、「身元保証」も受けてくれます。

依頼するには、入会金や一時金などが必要になったり、月会費5千円〜1万円程度が必要になったりします。

数人から数十人体制で行っているため、士業（弁護士、司法書士、行政書士など）では行えない細部まで援助が可能ですし、解散しない限りなくなりません。

しかし、専門家ほどの知識がないサポーターが支援することになり、また、複数人で支援するため事務的になりがちな面はあります。前例として、預託金の使い込み、契約者や親族とのトラブル、破綻などがあるため、話を聞き納得したうえで利用することが大切です。

専門家は身元保証人になれない

おひとりさまが気にするもののひとつが「身元保証」です。しかし、実際には身元保証人にこだわらなくても、依頼を受けた専門家などが現場で適宜対応しながら行っています。基本的に、専門家は身元保証人になれないからです。また、医療の同意もできません。

どうしても身元保証人をしっかり確保しておきたいのであれば、「身元保証等高齢者サポートサービス」を検討すべきです。

身元保証等高齢者サポートの内容

●身元保証サービス

医療施設への入院や、介護施設等への入所の際の連帯保証、入院・入所、退院・退所時の手続の代理など。

●日常生活支援サービス

生活支援関係（通院の送迎・付き添いや買い物への同行、生活に必要な物品の購入など）、財産管理関係（家賃や年金などの受領、公共料金などの支払いに関する手続き代行など）。

※ 利用者が契約締結後に判断能力が 不十分になった場合、身上監護・財産 管理について成年後見(任意後見又 は法定後見) へ移行。

●死後事務サービス

死亡の確認や関係者への連絡、葬儀に関する事務、火葬手続きや墓地の管理などに関する手続き代行。

※総務省『身元保証等高齢者サポート事業に関連する制度の概要等』を元に作成。

身元保証や医療の同意について

例えば、Aさんと専門家B氏が生前の委任契約などを締結していて、財産管理の契約がスタートしているとします。

Aさんが入院する際に、病院が専門家B氏に「身元保証人になってほしい」と言っても、「財産管理の契約や任意後見契約で財産管理の受任をしているため、Aさんの財産の範囲での保証でよいか」といったやり取りがされたりします。

医療の同意が必要な場合でも、「医師の判断に任せる」といったやり取りがされることもあります。現場では臨機応変に対応しているため、必ずしも身元保証人が必要な訳ではありません。心配であれば、専門家などと契約する時に、行ってもらえること、もらえないことの確認をしておくとよいでしょう。

16 財産管理

お金の管理を任せる時に必要なことは？

管理をしやすいように情報を把握して整理しておこう

どのような財産をもっているか把握することからはじめよう

もし身体が不自由になったり認知症などになったりした場合、お金の管理を誰かに任せる必要が出てきます。

そんな時のために大切なのが、大きく分けて二つ、出納の把握と情報の管理です。例えば、いくら持っていて、毎月いくら使えるのか常に見ていますか？

まず、自分の持っている預金口座やカードの情報をきちんと把握しましょう。どの銀行にどれくらいお金を預けているのか、どんなクレジットカードを持っていて何に使っているのかといったことをリストアップします。この時、残高など財産額がわかるようにしておく必要はありません。

もう使っていないカードや、必要なくなったけれど会員登録だけしているサブスクリプションサービスは思い切って解約してください。

これにより、お金の流れがより明確になり、管理しやすくなります。

できるだけ口座引き落としも分かるようになっていると管理が楽になります。

このような整理をする際には、預貯金口座や証券口座、カード類、会員契約、口座引き落とし・カード支払い情報といった情報の種類をリストにして整理しておくことです。

特に、インターネットやアプリで行わなければならないデジタル情報も分かるようにしておきましょう。残し方は、92ページにあります。

将来的に何かあった時に備えて、信頼できる人に情報が伝わるようにしておくことも忘れずに。老後の備えとして、これらの整理や管理は少しずつでも進めておけば安心です。

金融情報などの整理の例

預貯金（普通、定期、外貨など）、引落し情報

力：キャッシュカード、庫：貸金庫利用目的、引落し情報など

金融機関･支店名 カード･貸金庫の有無	種　類 口座番号	利用目的、引き落し情報など WEB用ID
(例)AA 銀行 BB 支店	普通	年金受け取り、公共料金、D会会費
力：有　無／庫：有　無	No.0056789	ID:0099876
①		
力：有　無／庫：有　無	No.	ID:
②		
力：有　無／庫：有　無	No.	ID:

クレジットカード情報

名称･連絡先	会費･支払日	目的･理由など
(例)Aカード(JCB)下4桁 9876／TEL:0120-111-333	年会費1,100円、2月C銀行より引落し	メインで利用しているカード

借入金・ローン、借金の保証人、貸しているお金など

相手先･連絡先	備考
□借入･□保証･□貸金	
□借入･□保証･□貸金	

その他の金融資産（純金積立、ゴルフ会員権、勤務先の持株会など）

名称･銘柄･内容	取扱会社	備考
□乗用車･オートバイ等を所有している（駐車場所:　）		

※『読んで使えるあなたのエンディングノート』から引用。

17

財産管理

老後に向けたお金の管理はどうすればいい？

いざという時は自分以外も引き出せるように準備しておくこと

今から夫婦や個人でお金の整理・確認をしておこう

老後を考えると、「財産管理」をどうするのか悩むのではないでしょうか。

たまにあるのが、「判断力がおとろえている叔母の定期預金を解約するのに、後見人を付けなければならなかった」というもの。

金融機関の窓口で行う手続きは、本人からの委任状があっても、原則本人が窓口に出向いて行わなければなりません。判断力が低下していると金融機関が判断すれば、口座が凍結してしまうこともあります。

そのため、普通預金にあまり残高がなく定期預金が大半の場合は、時期をみて普通預金にしておいたほうが、お金が必要になった時、ATMで下ろしてもらえます。とはいえ、連日限度額を下ろすなどすると、口座が凍結されてしまうことはあります。

また、手などの静脈で認証する「生体認証」のようなキャッシュカードを使用している場合は、イザという時に代理人が使えるように、認証不要なカードへの変更も考えておきましょう。

そして、「整理」で気を付けなければならないのは、口座を1つにしてしまうこと。

もし、その口座が使えなくなったら、年金も入ってこなくなり、公共料金の引き落としなどもできなくなってしまいます。せめて、2~3の金融機関に口座は持っておいたほうが安心です。

なお、金融機関により条件は異なりますが、可能であれば、代理人カードを作っておくことも一つの方法です。自分のキャッシュカード以外にもう一つ、指定された代理人が持てるキャッシュカードです。

財産管理のコツ

①定期預金から普通預金へ

定期預金の解約は、原則本人が窓口に出向いて行わなければなりません。病気やケガなどで本人が預貯金を下ろせない時に備えて、普通預金の残高も多くしておきましょう。

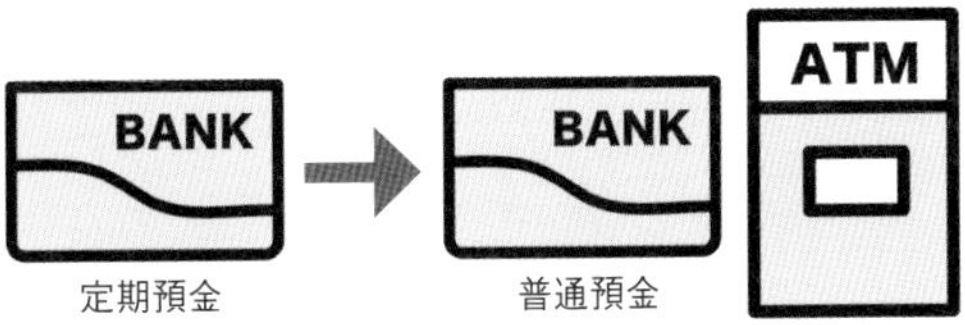

②認証不要なカードに変更

なりすましの詐欺防止のため、生体認証機能の付いたカードがありますが、本人の緊急時に代理人が使えるように、認証不要なカードにしておきましょう。

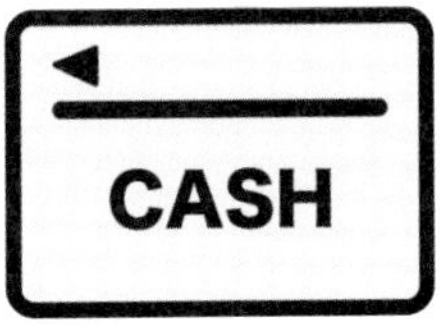

③銀行口座を複数にする

使用していない不要な銀行口座を整理するのはいいですが、一つにしてしまうと、万が一その口座が使えなくなった時に困ってしまうので、2～3の銀行口座を持っておくようにしましょう。

④代理人カードを作っておく

代理人カードは、1日あたりの引き出し限度額の制限がされていますが、ATMでの入出金が基本的に可能です。ただし、認知症が進行し、口座名義人の意思能力が確認できなくなると使用できなくなります。

18 財産管理

現在の収支や将来もらえる年金額を洗い出そう

キャッシュフロー表を作成して それを元に老後の計画を立てよう

今のままのお金の使い方で、将来お金に困らないか確認する

まだ年金を受給していない人が終活をはじめようとする時、「将来、年金でどう生活していくか」について考えることはとても大切です。

特に子どもがいない方や一人で生活されている場合、収入の中心は年金になるので早めに対策を取っておくことは重要になります。

まず、将来もらえる年金の金額を知るところからはじめましょう。年金の受給額は、これまでの働き方によって変わってきます。

自分がどれくらい年金をもらえるかは、毎年の誕生月に日本年金機構から送られてくる「ねんきん定期便」で確認できます。また、ウェブ上で公開されている「ねんきんネット」を利用すると、加入履歴や受け取れる見込み額を確認できます。

年金受給額がわかったら、現在から100歳位まで、毎年の収入と支出、現在の預貯金額の増減の推移を表にして書き出してみましょう。

また、この年には自宅のリフォーム代がかかりそう、車の買い替えがありそうなど、一時的にかかりそうな費用も盛り込んでいきます。

その大まかな推移を見て、将来生活に困りそうかどうかの把握ができます。もちろん、病気、施設入所など予定外の出来事も考えておく必要はあります。

将来どうなりそうなのかがわかれば、今から対策ができるかもしれません。それには、将来どこでどのような暮らしをしたいのかを考えることが大切です。

もし、自分一人で計画を立てるのが難しい場合は、ファイナンシャル・プランナー（FP）に相談してみましょう。

①ねんきん定期便などで受給額を確認

自分がどれくらい年金をもらえるかわからない人は、ねんきん定期便やねんきんネットで、受給額を確認しましょう。

②現在から100歳までの収支を表にする

エクセルなどで、現在から100歳までの収入と支出、ライフプランを想定して表を作成しましょう。将来どうなりそうか予測を立てられれば、それに対する対策を今から考えることも可能です。

（単位：万円）

	西暦	2024	2025	2026	2027	2028	2029	2030
年齢	世帯主	55	56	57	58	59	60	61
	配偶者							
ライフプラン							自宅のリフォーム	
収入	世帯主	500	500	500	500	500	500	500
	配偶者							
	その他							
	収入計	500	500	500	500	500	500	500
支出	生活費	200	200	200	200	200	200	200
	住居費	120	120	120	120	120	320	120
	車両費	20	20	20	20	20	20	20
	その他	20	20	20	20	20	20	20
	支出計	360	360	360	360	360	560	360
年間収支		140	140	140	140	140	-60	140
貯蓄額		1,000	1,140	1,280	1,420	1,560	1,500	1,640

19 不動産・保険

不動産や加入保険がある場合、どうすればいい？

不動産の名義人と、保険の加入状況を確認しよう

後でやろうと後回しにしないで早めに確認を済ませておこう

自分一人で不動産を購入した場合は本人名義になっていますが、実家にそのまま住んでいる場合、不動産の名義が親になっていることがあります。

自宅を売却してその金銭で施設に入所しようと思っていても、自分の名義になっていない場合、売却できません。

固定資産税の納税通知が自分になっているから、当然自分のものと思っている人がたまにいますが、そうとは限りません。不安な人は、法務局で不動産の登記情報を取得して確認しておきましょう。

保険に関しては、保険内容の確認は重要です。どんな保険に入っているのか、誰が受取人なのか、しっかり把握しておく必要があります。

おひとりさまの場合、死亡保険に加入している人は少なく、どちらかというと病気やケガをした時に給付金がもらえる医療保険に入っているケースがほとんどです。

せっかく加入しているのなら、請求できる時に受け取らなければ何のためにに加入しているのかわかりません。しっかり把握しておきましょう。

また、住宅の保険や傷害保険、個人賠償責任保険などに加入している場合も同様です。これらの保険内容も確認し、わかるようにしておきましょう。

こういった細々したことは「後でやろう」と思って後回しにしがちです。しかし、急に病気になったり、事故に遭ったりすることも考えられます。

そうなる前に、確認を済ませておくと、心にも余裕ができます。自分のためにも、しっかり準備をしておきましょう。

不動産の名義変更に必要な書類など
(母になっている不動産の名義を自分名義にするには)

① 母の出生時から死亡時までのすべての戸籍謄本と住民票除票
② 母の相続人全員の戸籍謄本
③ 不動産を相続する人の住民票
④ 遺言書または、遺産分割協議書と相続人全員の印鑑登録証明書
(相続人が複数人の場合)
⑤ 土地や建物の全部事項証明書
⑥ 固定資産評価証明書　など

加入している保険証券の確認

□保険名
□保険証券番号
□受取金額
(入院した時日額○円、
死亡時○円など)
□保険の終期(○歳まで保障)
□受取人
□保険会社と連絡先

20 民事信託

民事信託の利用はどんなケースに使えばいいの？

おひとりさまが「信託」を利用するケースは限定的

本当に必要な場合だけ、信託を利用すると良い

判断力が低下した時に、依頼した相手に財産管理を行ってもらえる「任意後見契約（26ページ）」は、「法律で定められていること」しか行えません。

例えば、住むための不動産購入や賃貸契約はできるものの、自宅以外の不要な不動産を適宜売却してもらったり、ローンの借り換えや家賃収入のある不動産のリフォームなどを行ってもらうのが難しいものもあります。

また、遺言書では、自分の遺産を渡すことができても、渡した遺産をどう使ってほしいかといった指定はできません。

もし、判断力が低下しても、特定の人に贈与してほしい、自分が望んだとおりに不動産を管理してほしい、自分の遺産の使い道を決めておきたいというのであれば、「民事信託（家族信託）」や「商事信託」も視野に入れておくとよいでしょう。

「民事信託（家族信託）」は、自分の財産を、家族など特定の人に管理してもらうものです。もし、甥や姪などの親族に依頼できないなら、「商事信託」という信託銀行や信託会社などが行っている信託を利用するしかありません。

ただし、信託できる財産は、専用の口座へ預けたお金、不動産（農地を除く）などに限られています。また、信託は、「財産管理」のため、「身上監護」は任意後見契約でカバーする必要があります。もちろん、信託していない（できない）財産については、「遺言書」で遺産をどうするか決めておかなければなりません。

とはいえ、信託を利用するには、誰に託すのか、費用はどの程度かかるのかなどの検討も必要です。「信託ありき」ではなく、「総合的に考えたうえで必要なら」利用するとよいでしょう。

商事信託と民事信託（家族信託）の違い

商事信託	信託銀行や信託会社などが、営利目的に行っているもの。信託銀行などが受託者になる「遺言代用信託」といった商品があります。
民事信託（家族信託）	身内等が財産を託されて管理しします。家族間や親族間で契約するため、「家族信託」や「個人信託」とも呼ばれ、営利を目的とせずに行うのが特徴です。

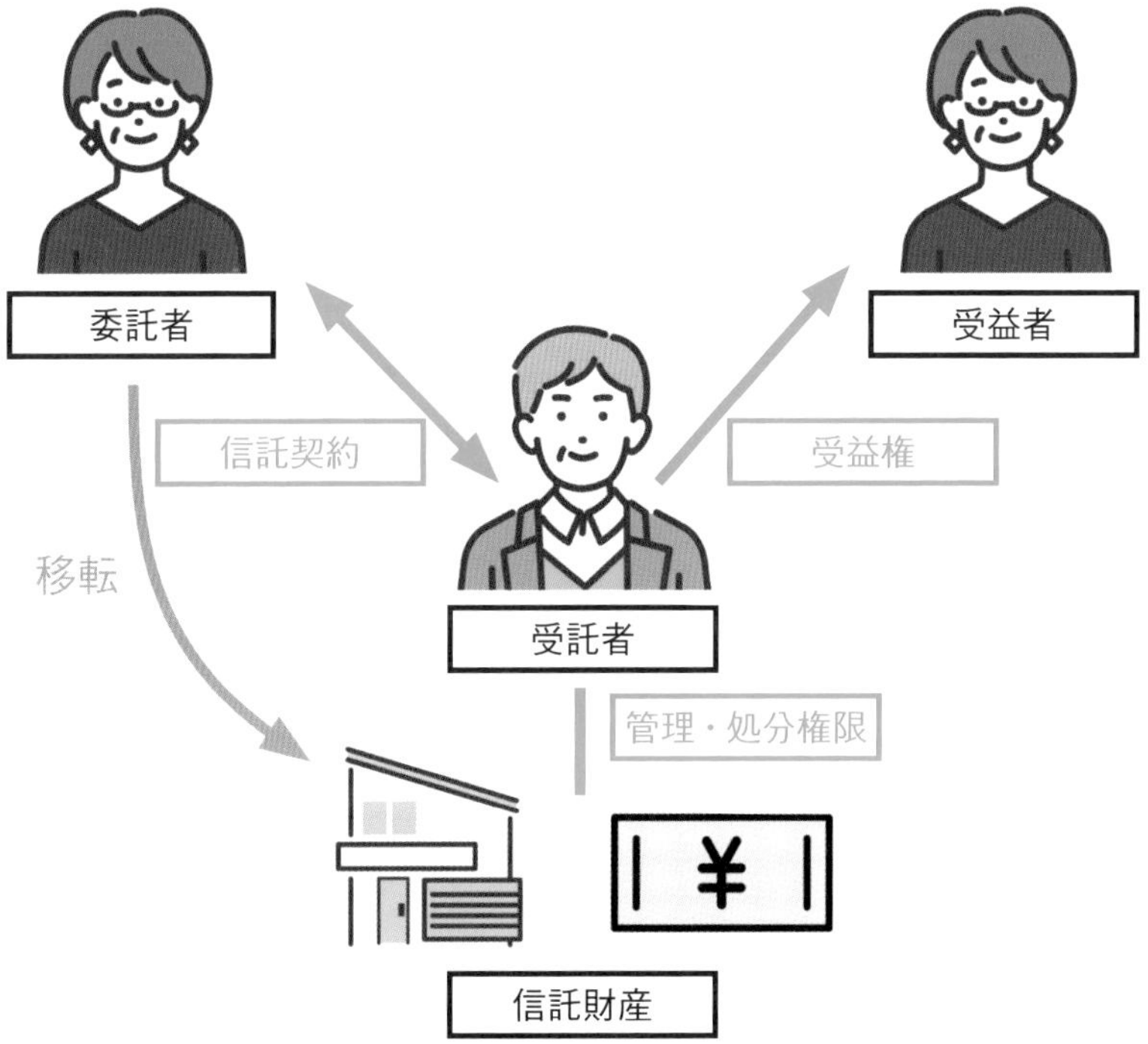

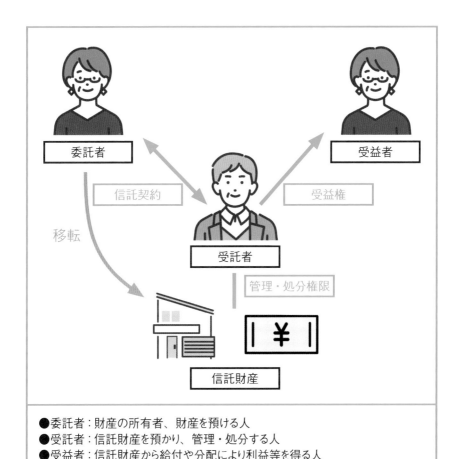

●委託者：財産の所有者、財産を預ける人
●受託者：信託財産を預かり、管理・処分する人
●受益者：信託財産から給付や分配により利益等を得る人
※通常、委託者と受益者は同一人物です。

21 介護費用

介護にはどのくらいお金がかかる？

要支援・要介護でも完全に無料ではなく自己負担が一部必要

全体の費用の10％程度はお金が必要

もし介護が必要になったらどうするのか、お金はどれくらいかかるのか、心配になる人は多くいます。

自分の親が高齢だったり、自分自身がシニアになってきたりすれば、「介護」の話題は多く耳にするもの。それが段々他人ごとではなくなってくると心配も大きくなるものです。

介護が必要になった時には、介護保険を使ってさまざまなサービスを受けることができます。

例えば、家に来てもらって食事や入浴の手伝いをしてもらう訪問介護や、施設に行ってデイサービスの支援を受けるなどです。でも、これらのサービスは無料ではありません。

介護保険を使うには、自治体で「要介護認定（要支援1・2、要介護1～5）」を受けなければなりません。

介護保険は、所得に応じた割合（1～3割）の負担が必要で、要介護度に応じた1か月の利用限度額（「支給限度額」という）も決まっています。この限度額を超えてサービスを利用した場合は、全額自己負担になります。

しかし、自己負担限度額を超えた分は、「高額介護サービス費」として払い戻しを受けることができます。

申請が必要なものの、支給対象になると自治体から支給申請書が送付されてきます。

また、「高額医療・高額介護合算制度」として、医療保険と介護保険の両方の年間合算額が所定の限度額を超えた場合は、超過分の支給を受けられます。

在宅サービス・地域密着型サービスの支給限度額と利用の目安

要介護度	1カ月あたりの支給限度額 （自己負担1割または2割、3割）	利用できる在宅サービス・地域密着型サービスの目安
要支援1	50,320円 （1割5,032円） （2割10,064円） （3割15,096円）	週2～3回のサービス ◎週1回の訪問型サービス（ホームヘルプサービス等） ◎通所型サービス（デイサービス等） ◎ 月2回の施設への短期入所
要支援2	105,310円 （1割10,531円） （2割21,062円） （3割31,593円）	週3～4回のサービス ◎週2回の訪問型サービス ◎通所型サービス ◎月2回の施設への短期入所 ◎福祉用具貸与（歩行補助つえ）
要介護1	167,650円 （1割16,765円） （2割33,530円） （3割50,295円）	1日1回程度のサービス ◎週3回の訪問介護 ◎週1回の訪問看護 ◎週2回の通所系サービス ◎3カ月に1週間程度の短期入所 ◎ 福祉用具貸与（歩行補助つえ）
要介護2	197,050円 （1割19,705円） （2割39,410円） （3割59,115円）	1日1～2回程度のサービス ◎週3回の訪問介護 ◎週1回の訪問看護 ◎週3回の通所系サービス ◎3カ月に1週間程度の短期入所 ◎ 福祉用具貸与（認知症老人徘徊感知機器）
要介護3	270,480円 （1割27,048円） （2割54,096円） （3割81,144円）	1日2回程度のサービス ◎週2回の訪問介護 ◎週1回の訪問看護 ◎週3回の通所系サービス ◎毎日1回、夜間の巡回型訪問介護 ◎2カ月に1週間程度の短期入所 ◎福祉用具貸与（車イス、特殊寝台）
要介護4	309,380円 （1割30,938円） （2割61,876円） （3割92,814円）	1日2～3回程度のサービス ◎週6回の訪問介護 ◎週2回の訪問看護 ◎週1回の通所系サービス ◎毎日1回、夜間対応型訪問介護 ◎2カ月に1週間程度の短期入所 ◎福祉用具貸与（車イス、特殊寝台）
要介護5	362,170円 （1割36,217円） （2割72,434円） （3割108,651円）	1日3～4回程度のサービス ◎週5回の訪問介護 ◎週2回の訪問看護 ◎週1回の通所系サービス ◎毎日2回（早朝・夜間）の夜間対応型訪問介護 ◎1カ月に1週間程度の短期入所 ◎福祉用具貸与（特殊寝台、エアーマットなど）

※厚生労働省「区分支給限度基準」を参照。2024年5月現在時点の情報です。

22

介護保険制度

介護が必要になったらどうすればいいの？

もしもの時のために準備をしておくこと 介護サービスを受けるには介護認定を受けよう

地域包括支援センターに相談するなど地域の人とつながろう

子どもがいない人が老後を迎える時、介護保険をどう使えばいいか考えておきましょう。私たちは40歳になってから「介護保険」を払ってきました。介護保険は、基本的に65歳になったら介護保険証が交付されて使えるようになります。介護保険は高齢者の心や体が不調な時、必要なサポートを受けるための制度です。

介護保険を使うには、「介護認定」を受ける必要があります。介護保険を使うための申請をすると、どの程度の介護が必要なのかを判断する認定調査が入ります。認定調査の結果をもとに専門家の審査を経て、要介護度1～5という「介護区分」が確定します。

ところが、もし自分が病気になってしまったら、どうやって申請するのでしょう。子どもがいなくて妻や夫などパートナーも高齢で申請が難しい場合や、おひとりさまの場合は、身近に手伝ってくれる人がいないかもしれません。そんな時は、地元の地域包括支援センターに相談してください。介護保険のことや、どんなサポートを受けられるかを丁寧に教えてくれます。

一方、自分でできる準備もあります。たとえば、周りにお友達を作って仲良くすることで見守りしてもらうようにお願いしておくことも有効です。また、必要なものを家に届けてもらうサービスに登録するのもひとつの方法です。お弁当の宅配サービスを利用すると、毎日食事の心配が減ります。介護保険をうまく使うには、地域の人たちや行政とつながることを意識してください。必要な時に役立つはずです。

介護認定の流れ

①市区町村の窓口で申請

②訪問調査　③医師の意見書

④一次判定（コンピュータ）

⑤二次判定（審査会）

介護認定を受けるためには、まず市区町村の窓口で申請しないといけません。おひとりさまの場合、そもそも誰が申請するか、というところから事前に準備しておかないと、実際に介護が必要になった時に困るので、お友達に見守りをしてもらったり、事前に見守りや財産管理の契約を結んでいる相手がいるなら、その人に連絡してもらったりしましょう。

主な介護サービス

自宅で利用するサービス

訪問介護	訪問介護員（ホームヘルパー）が、入浴、排せつ、食事などの介護や調理、洗濯、掃除等の家事を行います。
訪問看護	看護師等が清潔ケアや排せつケアなどの日常生活の援助や、医師の指示のもと必要な医療の提供を行います。
福祉用具貸与	日常生活や介護に役立つ車いすやベッドなどのレンタルができます。

日帰りで施設等を利用するサービス

通所介護 (デイサービス)	訪問介護員（ホームヘルパー）が、入浴、排せつ、食事などの介護や調理、洗濯、掃除等の家事を行います。
通所リハビリテーション (デイケア)	施設や病院などで理学療法士、作業療法士、言語聴覚士などがリハビリテーションを行います。利用者の心身機能の維持回復を図り、日常生活の自立を助けるために行います。

居住系サービス

特定施設入居者 生活介護	有料老人ホームなどに入居している高齢者が、日常生活上の支援や介護サービスを利用できます。

施設系サービス

特別養護老人ホーム	原則要介護3以上の方が対象で、介護が必要で、自宅では介護が困難な方が入所します。食事、入浴、排せつなどの介護を提供します。

介護老人保健施設

自宅で生活を営むことができるようにするための支援が必要な方が入所します。看護・介護・リハビリテーションなどの必要な医療や日常生活上の世話を提供します。

定期巡回・随時対応型訪問介護看護

定期的な巡回や随時通報への対応など、利用者の心身の状況に応じて、24時間365 日必要なサービスを必要なタイミングで柔軟に提供します。訪問介護員だけでなく看護師なども連携し、介護と看護の一体的なサービス提供を受けることもできます。

※厚生労働省「介護保険制度について」を参考に作成。

23 高額療養費

高額な医療費が必要になったらどうすればいいの？

一定額を超える医療費の負担があれば高額療養費制度を利用しよう

限度額適用認定証を提出すれば窓口の負担も軽減

「将来、病気になったらどうしよう」と考えたことはありませんか？　特に子どもがいない人は、誰にも頼れないかもしれないと不安に感じるかもしれません。でも、心配はいりません。なぜなら「高額療養費制度」があるからです。

そもそも、日本には医療保険制度が整備されており、70歳未満の場合は医療費の自己負担は3割、70〜74歳の人は2割、75歳以上は1割になります（現役並み所得者は3割）。

高額療養費制度とは、医療費が一定額を超えた時に、超えた分の負担をしなくてよい制度です。この一定額は、年収や自己負担割合などにより異なります。

急な入院や手術の場合は、一旦医療費を全額支払わなければなりません。ただし、入院や手術などで、医療費が高額になると事前にわかっている場合、加入している健康保険の窓口であらかじめ「限度額適用認定証」を交付してもらい、医療機関へ提示することで、自己負担額以上の支払いをしなくて済みます。

これらは1日から末日で区切られるため、月の途中から翌月にまたがって入院する場合、どちらの月も自己負担限度額に達せず、結果的に多くの負担になる場合があります。

高額療養費の申請をしても、支給されるまでに約3ヶ月かかります。その間、当面の支払いに困ってしまう場合、健康保険の窓口に申請をすると、医療費の支払いに充てる資金として、高額療養費の支給見込み額の8割相当額を無利子・無保証人で借りることができます。

高額療養費制度でいくら戻る?

＜例＞70歳以上・年収約370万円～770万円の場合（3割負担）
100万円の医療費で、窓口の負担（3割）が30万円かかる場合

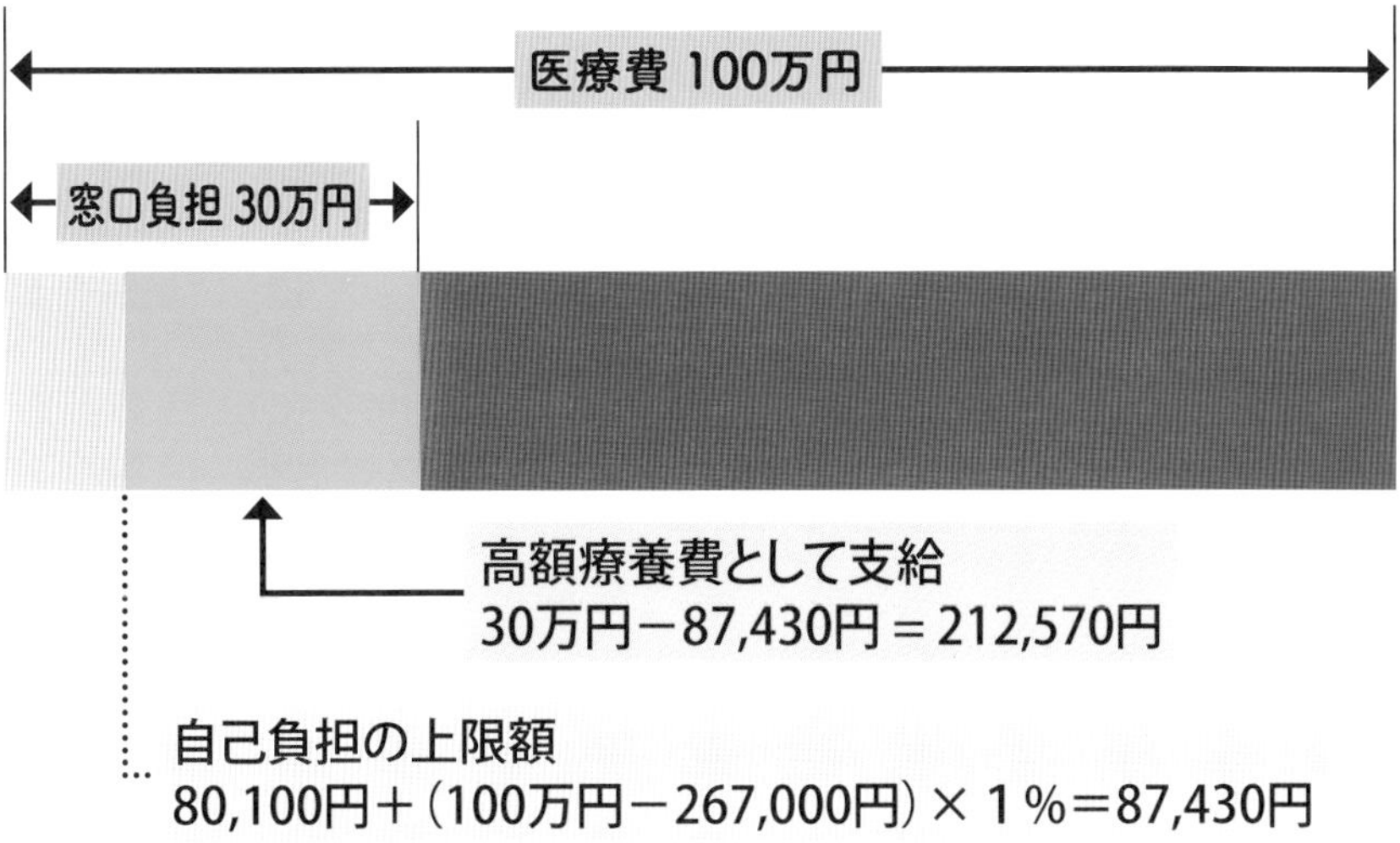

212,570円を高額療養費として支給し、
実際の自己負担額は87,430円となります。

限度額適用認定証の申請方法は?

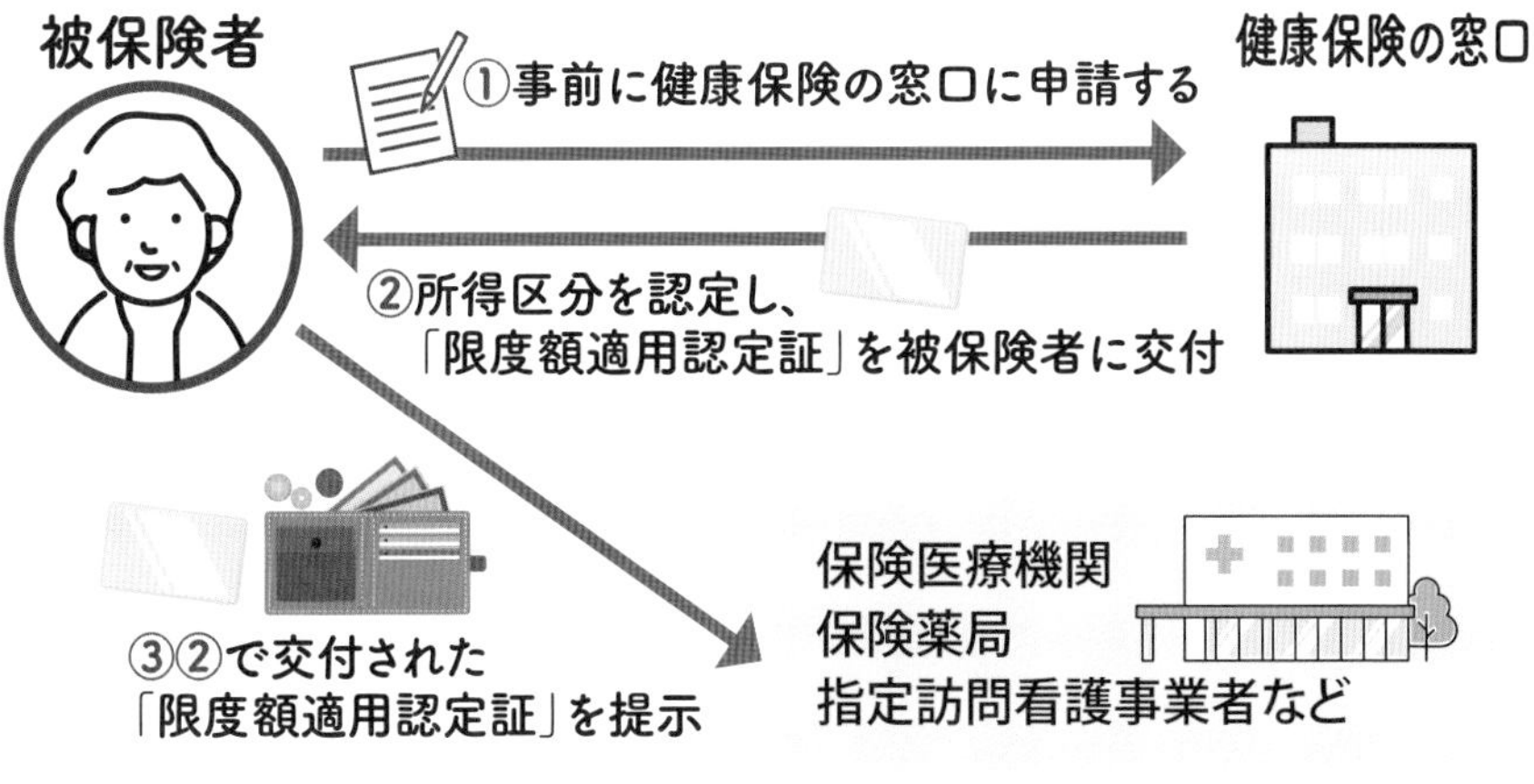

24 ペットの扱い

施設に入所した時、ペットはどうする?

万が一の場合に備えて事前に相談できる人を探しておこう

引取先を探してペットの扱い方をまとめておこう

一緒に暮らしているペットは、自分の子どもと同じような存在。だからこそ、自分が自宅に住めなくなった時、ペットをどうするかを事前に考えておくことが大切です。

ペットに関しては、何かがあってから急いで考えるのでは遅すぎます。万が一事故に遭った時、病気で倒れてしまった時、施設に入所しなければならない時、「誰が、どこに預けてくれるのか」が決まっていなければ、その後「ペットが生活する場所」がなくなってしまいますし、本人も気になってしかたがないでしょう。

そのためには、ペットの専門家や相談できる人、預けられる人を探しておくといった対応をしておくことが大切です。ペットのことを誰かに依頼する場合、ペットショップや知り合いのお宅などの引き取り先と話をしておくことをおすすめします。

自分が世話をできなくなったら、ペットを代わりに飼ってほしいのか、一時的に預かって施設に入れて欲しいのか、どのようにして欲しいかについて先に知らせておく必要があります。

もちろん、今後の飼育費を誰に渡してもらうのかといった点も考えておかなければなりません。

あわせて、予防接種や持病、かかりつけの動物病院等を含めてペットに関する詳細をエンディングノートなどにまとめておくことも大切です。

ペットに関する対策は、財産管理等委任契約（24ページ）や、任意後見契約（26ページ）で対応できるようにしたり、ペットの信託などで行ったりしておくことも可能です。

ペットの専門家を探しておこう

自宅にいない期間が短期・長期の時に、一時的にペットを代わりに飼ってほしいのか、一時的に預かって施設に入れて欲しいのか、また今後の飼育費を誰に渡してもらうのかといった点も考慮して、専門家を探しておきましょう。

ペットの情報の例

種類		名前	
生年月日（推定）		性別	
血統書の有無・保管場所		登録番号	
いつものエサ		エサの回数	
好きなエサ		嫌いなエサ	
病気・ケガ		服用している薬	
避妊手術・去勢手術		予防接種	
かかりつけの病院		病院の連絡先	
トリミングサロン		サロンの連絡先	
加入しているペット保険			
備考			

※『読んで使えるあなたのエンディングノート』から引用。

家の処分や老後の住まいはどうする?

老後はどこで過ごすかを早めに計画することが大切

年を取ると新しい環境に慣れるのが難しくなる

将来、どこに住みたいのかを考えておくことは大切です。今の家でずっと暮らすのでもよいでしょう。なかには、駅から遠い戸建ての家を売って、駅に近いマンションに移る人もいます。防犯や車の運転を心配してのことです。

住む場所や地域によっては、住民たちがコミュニティの活動に力を入れていて、手芸や体操など、毎月さまざまなイベントが開催されていることもあります。こうした活動を通じて、多くの友達ができ、充実した毎日を送っている人もいます。また、友人と同じマンションに住み、お互いの家を行き来している人もいます。

おひとりさまの場合、老後はどこで過ごすかを早めに計画することが大切です。その理由は、年を取ると新しい環境に慣れるのが難しくなるからです。

それまで問題なかった人が、環境が変わると、認知症になってしまったり進行したりすることもあるため、できるだけ慣れ親しんだ場所での暮らしを考えた方が良いからです。

しかし、持ち家の場合、一番の問題は、「住んでいる家が売れるのか」です。もし売れないのであれば、現在の家で過ごすことになるでしょうが、施設入所が必要になった場合でも自宅を売却して資金にすることはできない点もわかっていなければなりません。自宅が売れるのであれば、どの程度の額で売れそうかを把握したうえで、住む場所を考えていかなければなりません。

これらを決めるには、自分の生活スタイルや健康状態を考慮することが不可欠です。また、情報は自治体の広報をチェックするなど、多方面から集めると良いでしょう。

住まいをきっかけに充実した生活を手にした例

住まいを変えたことを機に、充実した生活を手に入れたAさんの例を紹介します。おひとりさまのAさんがたまたま選んだ地域は、コミュニティの活動に力を入れていて、毎月さまざまなイベントが開催されていました。その活動を通して、今では新しい友達がたくさんできて、充実した毎日を送っているそうです。

戸建てから駅近のマンションへ引っ越した例

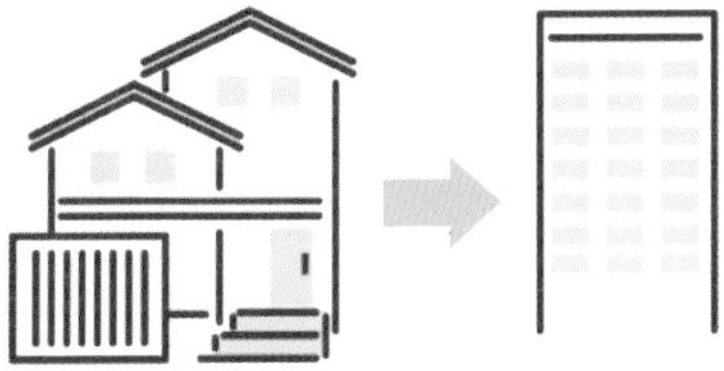

Bさんは、実家の一戸建てで、長い間両親とともに暮らしていました。しかし、両親が相次いで旅立ち、一人となったため、駅から遠く不便を感じていたこともあり、駅近のマンションに引っ越しました。買い物も楽になり、家の手入れなども気にしなくてよくなり、趣味の時間を増やすことができたといいます。

自宅売却の際の注意点

自宅の売却を考えている人は、いつ頃に売却をしたいのか、売却するとしたらいくらくらいになるかを早めに把握しておきましょう。突然、施設に入所しなくてはならなくなった場合、すぐに売れるとは限りません。住んでいる地域の地価がどれくらいか、上がっているかなど自治体の広報誌などでも情報が出ることがあるのでチェックしてみましょう。

26

高齢者施設の種類

症状によって入れる施設は違うの？

要介護度や介護サービスの有無などで入れる施設が異なる

年齢や介護の必要度など条件を確認しよう

介護がはじまると、長く続くことが多いです。そのため、早いうちからどんな介護施設があるのか知っておくことが大事です。

介護施設には、「介護付き」と「介護なし」の2つのタイプがあります。

介護付きの施設では、スタッフがいつもいて、介護や生活のサポートを受けられます。

しかし、入るためには、年齢や介護の必要度など、いくつかの条件があります。

例えば、「特別養護老人ホーム」は、介護付きの施設の中でも、費用があまりかからないところです。

その反面、人気があるため、入居まで数年待つこともあります。認知症の人が一緒に生活する「グループホーム」もありますが、症状が進むと、出なければならないこともあります。

介護サービスがない施設もあります。例えば、「サービス付き高齢者向け住宅」「住宅型有料老人ホーム」「ケアハウス（自立型）」などです。

こういった施設は基本的に介護サービスが付いていないので、外から介護サービスを利用することになります。食事や見守りなどのサポートがあるところが多い上に、夫婦で入ることもできます。

このような施設は、誰でも入れますが、認知症が重くなると、退去しないといけない場合もあります。

自分の健康状態や、どんなサポートが必要かを考えて、最適な施設を選ぶことが大切です。施設によってサービス内容や費用が違うので、事前によく調べておきましょう。

主な介護施設の種類

自宅以外の介護施設

	介護施設の種類	特徴	状態
公的施設	特別養護老人ホーム（特養）	日常的に介護が必要で、自宅介護できない人向け。終身利用できて費用が安いため、待機者が多い。医療対応が難しい場合がある。古いホームは多床室が多く、新しいホームは個室を備えているものもある。	要介護3以上
	介護老人保健施設（老健）	病院から退院した人が在宅復帰を目標にリハビリを行う施設。3ヶ月おきに、状態に応じて入居・退去の判定がされる。	要介護1以上
	介護医療院	要介護者に対し、「長期療養のための医療」と「日常生活上の世話（介護）」を一体的に提供。	要介護1以上
	養護老人ホーム	生活保護や低所得など、生活困難な高齢者向けの施設。介護施設ではないため生活支援が中心。介護が必要になると、退去しなければならないこともある。	要介護1以上
	軽費老人ホーム（ケアハウス）	在宅生活が困難な人向け。低費用で入ることができ、24時間体制で介護を受けられる。	要介護1以上
	シルバーハウジング	バリアフリー対策がされた公的な賃貸住宅。緊急時対応等のサービスが付いている。介護になった場合は外部サービスを個別に契約して利用する。	自立～要介護
民間施設	介護付有料老人ホーム	介護保険の指定を受けた老人ホーム。24時間体制で介護を受けられ、重度の人も入居できる。入居一時金が数千万円必要なケースが多い。	要支援～要介護
	住宅型有料老人ホーム	食事等の日常生活支援主体。介護になった場合は個別に契約して利用する。入居一時金が数千万円必要なケースが多い。	自立～要介護
	健康型有料老人ホーム	食事等の日常生活支援主体。健康な人が主体のため、介護が必要になると退去しなければならない。	自立
	自立・混合型有料老人ホーム	食事等の日常生活支援主体。自立できる人が自立棟で生活し、介護が必要になると介護棟へ移転しなければならない。入居一時金が数千万円必要なケースが多い。	自立
	サービス付き高齢者向け住宅	安否確認と緊急時対応、生活相談などのサービスを提供するバリアフリーの賃貸住宅。介護になった場合は外部サービスを個別に契約して利用する。	自立～要介護
	認知症対策型生活介護（グループホーム）	認知症の症状で生活しにくい人が少人数で共同生活を送る。軽介護度の人が中心。	要支援2以上

自宅中心で利用できる介護施設

介護施設の種類	特徴	状態
小規模多機能型居宅介護	自宅に住みながら、日帰り・宿泊・訪問のサービスを受ける。	要支援1以上
短期入所生活介護（ショートステイ）	数日～1週間程度の短期間施設へ入所し、日常生活の介護や機能訓練などの介護を受けながら施設で過ごす。	要支援1以上

【コラム】

リバースモーゲージ、リ・バース60ってなに？

老後を安心して生活するには、お金と住宅の問題は避けて通れません。ずっと今の家のまま住んでいたい人もいれば、住み替えが難しく、今の家に住み続けなければならない人もいます。そのような場合は、「リバースモーゲージ」を活用するという選択があります。リバースモーゲージとは、自宅を担保にしてお金を借りる方法で、月々は利息のみを支払い、死亡したら自宅を売却して返済するという仕組みです。ただし、思ったよりお金が借りられなかったり、金利変動で利息が高くなり月々の支払いが負担になったりすることもあります。長生きをすれば、借入資金を使い果たしてしまい、自宅を売却しなければならないといったマイナス面もあります。

もうひとつ、「リ・バース60」という選択肢があります。これは、60歳以上の人が今住んでいる家や地域に住み続けるために、自宅を担保にしてリフォーム費用や住宅の購入費用、高齢者向け住宅の入居一時金等の目的でお金を借りるものです。返済は毎月利息のみでよく、死亡時に売却して返済されます。しかし、そもそも不動産評価額の50%または60%しか融資が受けられず、リバースモーゲージのように生活費には使えません。

リバースモーゲージやリ・バース60などは選択肢のひとつではありますが、デメリットもあります。利用する場合は、よく検討することが必要です。なお、自治体で公的融資制度や補助金などを取り扱っていることもありますので、一度相談してみるとよいでしょう。

第3章

死後の備え・手続き

27 死後の手続きは誰に任せればいいの？

まず、死後のさまざまな手続きを任せる死後事務委任契約をしよう

死後事務委任契約は、どんな手続きを行ってもらえるのか知っておこう

自分が死んだ後のことは、誰も考えたくないものです。

しかし、子どもがいなかったり、配偶者に先立たれたりした場合、自分の死後のことは誰が行ってくれるのか考えておかなければいけません。

もし、行ってくれる親族がいない場合は、第三者に依頼しておく「死後事務委任契約」があると安心です。

死後事務委任契約は、遺体の引き取り、病院での精算、葬儀、納骨、遺品の整理、役所の手続き、賃貸不動産の明け渡し、郵便物の郵送停止など、多くのことを行ってもらうための契約です。

本人の死後、依頼者がすぐに必要な支払いをする時のために、依頼相手に預り金（「預託金」という）数十万円〜を渡しておくケースが大半です。

なお、親族がいない場合、年下の友人や知人、専門家がこの役割を担うことになりますが、「死後事務委任契約」では死亡届の提出ができません。

そのため、すぐに頼れる親族がいない場合には、「任意後見契約」も併せて結んでおきます。任意後見契約を結んでいる相手方なら死亡届の提出ができるからです。

注意点としては、死後事務委任契約では「遺産をどうするのか」といった内容は含まれていないこと。

遺産に関しては、別途「遺言書」で決めておかなければならないからです。

死後のことを行う人がいない場合、死後事務委任契約のみならず、遺言書や任意後見契約もセットで準備をしておきましょう。

死後事務委任契約の流れ

生前に契約

委任者

受任者
（行う人）

死後事務委任契約の依頼先

- 友人や知人、相続人ではない親戚など
- 弁護士や司法書士、行政書士などの専門家
- 社会福祉協議会
- 民間企業

依頼者の死後、さまざまな対応をする

葬儀や納骨などに関する手続き

関係者への連絡

行政手続きに関する対応

遺品および
デジタル遺品の整理

解約や支払いなどに関する手続き

郵便物の送付停止

28 法定相続人

法定相続人は誰になるの？

法律で定められた人が相続人 配偶者以外は順位が決まっている

相続人は誰になるのか把握しておき相続関係図を作っておこう

誰が相続人になるのかは、法律で決められています。配偶者は、相続順位に関係なく常に相続人になります。この配偶者は、戸籍上の配偶者でなければなりません。そして、配偶者以外の人は次のような順位が決められています。

第一順位は子どもです。子どもがいる場合は、「子」以外は相続人になりません。この「子」には、実子のみならず養子縁組した子も対象になります。再婚した相手の子（いわゆる連れ子）と養子縁組していれば、その子は相続人になりますが、養子縁組していなければ相続人にはなりません。

なお、子が本人よりも先に亡くなっている場合は、その子の子（孫）が代襲相続人になります。子も孫も本人より先に亡くなっている時はひ孫が再代襲相続人といったように、孫・ひ孫・玄孫と代襲されていきます。

第一順位の子がいない場合は、第二順位の父母が相続人になります。父母の両方が亡くなっている場合は祖父母が相続人になります。父が亡くなっていても母がいる場合は母のみが相続人になり、父の祖父母が相続人になることはありません。

第一順位と第二順位の相続人がいない場合は、第三順位のきょうだいが相続人になります。例えば、本人よりも先に兄が亡くなっている場合は、兄の子（甥・姪）が代襲相続人になります。兄の子が甥と姪の2人で、甥が兄より先に亡くなっている場合は、甥の子は再代襲相続人にはなれず、姪のみが兄の代襲相続人になります。

相続人の範囲

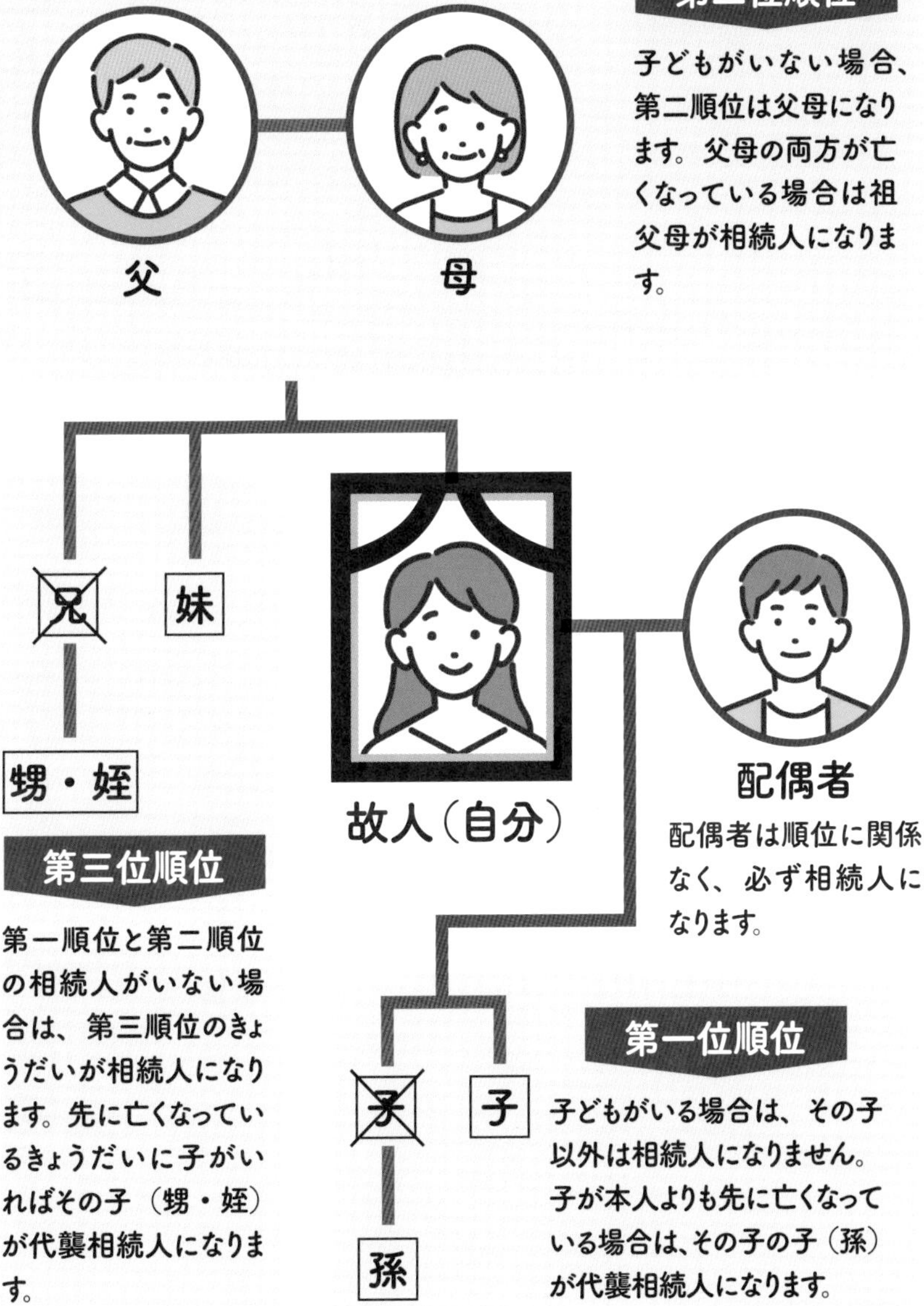

第二位順位

子どもがいない場合、第二順位は父母になります。父母の両方が亡くなっている場合は祖父母が相続人になります。

配偶者

配偶者は順位に関係なく、必ず相続人になります。

第三位順位

第一順位と第二順位の相続人がいない場合は、第三順位のきょうだいが相続人になります。先に亡くなっているきょうだいに子がいればその子（甥・姪）が代襲相続人になります。

第一位順位

子どもがいる場合は、その子以外は相続人になりません。子が本人よりも先に亡くなっている場合は、その子の子（孫）が代襲相続人になります。

29 戸籍謄本

相続人の確定、戸籍謄本の取得方法は？

本人の出生時から死亡時までの連続したすべての戸籍謄本などで確定させる

おひとりさまの相続人確定は大変
事前に大変さを知っておこう

子どもがいない「おひとりさま」が亡くなった時、すでに両親も亡くなっているケースが大半のため、相続人が誰もいないいか、きょうだいが相続人になることがあります。例えば、相続人が亡き姉の子（甥）と弟の場合、その2人が相続人だと証明するには、どうしたらいいかみてみましょう。

まずは、本人の最後の本籍地A市で、「本人の相続で必要なため、A市にあるすべての戸籍謄本（除籍謄本、改製原戸籍謄本なども含む）がほしい」と請求をします。すると、一つ前の本籍地がB市とわかるため、B市で同じように取得をし、その前のC市……と出生時の本籍地までさかのぼって取得をしていきます。そうすると、本人には子どもがいないことが証明されます。

そして、両親と祖父母の死亡事実がわかる戸籍謄本で本人のきょうだいが相続人だという証明ができます。そのきょうだいが姉と弟ということを確定させるために、父、母、それぞれの出生時から死亡時までの連続した戸籍謄本を先のように取得していきます。それによって、きょうだいは姉と弟のみで、異父・異母きょうだいはいないとわかります。さらに、亡くなっている姉の、出生時から死亡時までの戸籍謄本を取得し、甥が相続人だと確定させます。

このように、きょうだいが相続人になる場合は、相続人を確定させる戸籍謄本を取得するだけでも多くの時間と費用がかかります。なお、戸籍謄本は、郵送でも取得できます。しかし、そもそも祖父母・父母・子・孫などの戸籍謄本は取得できますが、相続人であるなど利害関係がない限り、きょうだいや甥・姪の戸籍謄本は取得できません。

相続人確定の例

おひとりさま（子どもも両親もいない）
相続人が弟と亡き姉の子（甥）であると
証明したい

1 本人の出生時から死亡時までの連続した戸籍謄本を取得する

最後の本籍地 A市 → 1つ前の B市 → 出生時の 本籍地

◉子どもがいないことが証明される
◉両親と祖父母の死亡事実
◉きょうだいが相続人だと証明される

2 父・母それぞれの出生時から死亡時までの連続した戸籍謄本を取得する

◉きょうだいは姉・弟のみと証明される

3 亡くなっている姉の出生時から死亡時までの連続した戸籍謄本を取得する

◉甥が相続人だと証明される

弟と甥が相続人だと確定

30 遺言書

遺言書がないとどんなことで困るの？

きょうだいが相続人になる場合は相続人と遺産分割協議が大変になる

すでに逝去、認知症などがあればより大変になる

誰も相続人がいない場合は72ページの「相続人がいないとどうなるの？」にあるように、遺産に手を付けられずに困るケースになりますが、きょうだいや甥・姪がいる場合には、少し事情が違います。

遺言書がない場合は、相続人全員で遺産分割協議（遺産の分け方を決めること）をしますが、相続人になる人達すべてが、普段付き合いがあるとは限らず、疎遠になっていたり連絡先がわからなかったりする人がいることもあります。

しかし、遺産の分け方は相続人全員で決める必要があるため、その相続人を探さなければなりません。なぜなら、74ページにあるように、遺産の分け方を記載した「遺産分割協議書」に署名や押印をしてもらわなければならないからです。

しかも、相続人がすでに亡くなっていてその子が代襲相続人というケースが多ければ、それだけ相続人も多くなり、より遺産分割が大変になります。

また、相続人が認知症などで判断力が低下していたり、行方不明などで見つからなかったりする場合には、より手続きが大変になります。

連絡が取れても一切の協力を拒まれ、保留・放置の状態になってしまうケースもあります。

なお、姪に支援をしてもらっていても、姪の親（例えば本人の姉）が生存していれば、姪は相続人ではないため、遺産はもらえません。

姉が亡くなっていたとしても、甥と姪が代襲相続人であれば、甥が遺産をもらう権利を主張したなら姪には多く渡らないかもしれません。

遺産分割協議

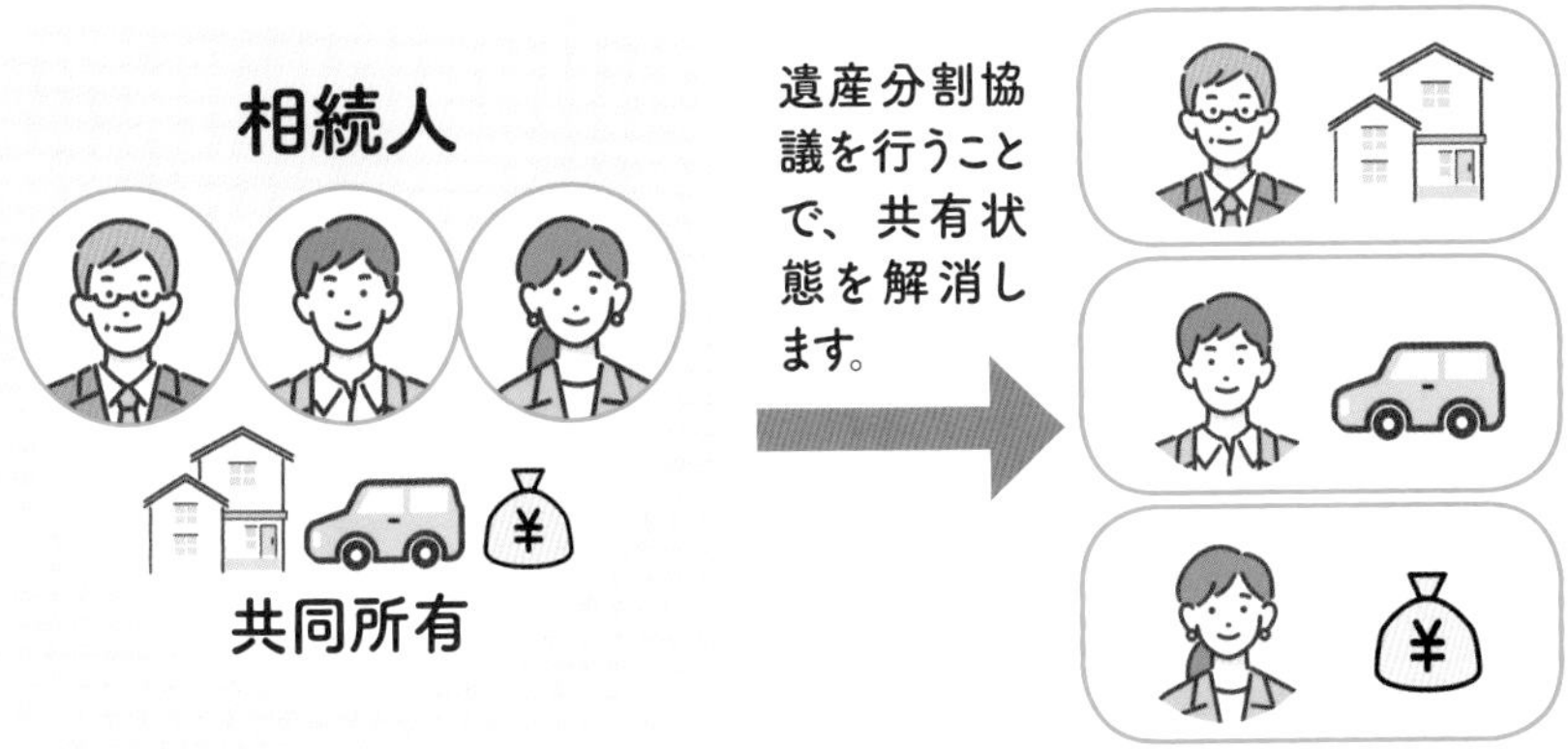
相続人
共同所有
遺産分割協議を行うことで、共有状態を解消します。

相続開始した時点では、すべての相続財産は、相続人全員の共有となります。

相続人全員で遺産分割協議をします。誰がどの財産を相続するか決定します。

遺言書があるとよいケース

◉確実に配偶者に遺産を渡したい
（配偶者ときょうだいで話し合いはさせたくない）
※きょうだいは、遺留分（84ページ）がないため、全財産を配偶者に渡せます

◉相続人以外の人に財産を渡したい
（世話になった人や慈善団体などへ寄付したい）
※遺言書でなければ相続人以外の人には渡せません

◉判断能力に不安のある人が相続人になりそう
（遺産分割協議ができずに困るだろうと予測できる場合）
※きょうだいの判断力が衰えている場合、その人が遺産分割協議できなくなる可能性があるため、遺言書があればきょうだいが困らずに済みます

◉相続人になる人がいない
（誰かに精算などの手続きを行ってもらう必要がある）
※72ページのように、相続人がいないと周囲が困ります

31 相続人不存在

相続人がいないとどうなるの？

遺言書がなく相続人もいない場合は、遺産になる物やお金に手をつけられず、周囲の人に迷惑をかける

家庭裁判所に「相続財産清算人」を選んでもらう申し立てをする

遺言書がなく、誰も相続人がいない場合は、その「遺産」に手をつけることができません。もし、あなたの葬儀を友人がしてくれたとしても、葬儀費用は誰からもらえばよいのでしょう。

誰も遺体の引き取り人がいなければ、本人が亡くなった場所の管理者から行政などへ連絡がなされ、行政側で葬儀と納骨の手配は行ってくれます。しかし、葬儀と納骨を除いた他のことは手つかずのままになってしまいます。

例えば、賃貸住宅に住んでいたら、家賃の支払いや明け渡しをしてもらえない家主さんは困ってしまいます。持ち家なら、空き家になった自宅の処分も、室内の物の処分も行えないため放置されたままになってしまいます。固定資産税は滞納になり、空き家や庭からの害虫で近隣に迷惑をかけたり、火災のリスクもあったりします。請求額を払ってもらえない取引先も困ってしまいます。「相続人がいない」ということは、このような事態が起こりうるということです。

では、相続人がいない人からお金をもらいたい場合、どうすればよいのでしょう。それは、利害関係人（支払いを請求する債権者のほか、事実婚の相手や療養看護に努めた人などの特別縁故者で金銭を要求したい人）が家庭裁判所に「相続財産清算人」を選んでもらう申し立てをし、その清算人に手続きをしてもらう必要があります。しかも、戻ってくるか分からない予納金を10万円～100万円程度預けなければなりません。「相続人がいなかったら、どうせ国のものになる」と言う人がいますが、自動的に国庫に帰属するわけではないため、放置されてしまい、結果周囲の人に迷惑をかけてしまうのです。

相続財産精算人の申し立てから選任まで

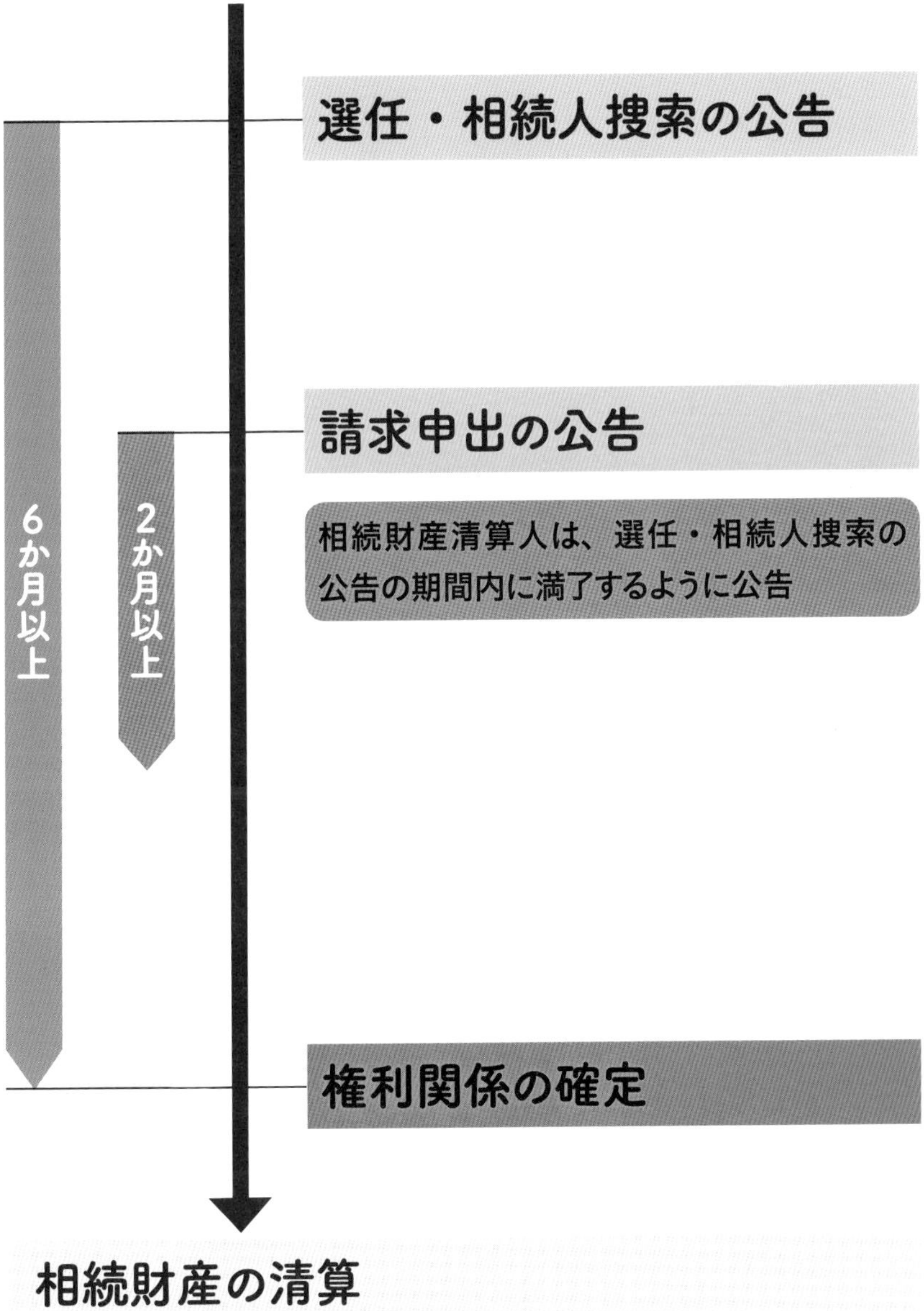

32

遺産分割協議書

遺産分割協議書を作成する際に注意することは?

誰が何を取得したかわかるようにして相続人全員の署名なども必要

判断力のない相続人や失踪などスムーズに進まないケースがある

「遺産分割協議書」とは、遺産の分け方を記載したものです。相続人が1人の場合は不要です。2人以上でも法定相続分で分ける場合にはなくてもよいとされていますが、預貯金を解約する金融機関ごとに、所定の用紙に相続人全員が署名するなど手間がかかってしまいます。法定相続分で分けるにしても、法定相続分以外の分け方をするにしても、今後の紛争防止や解約・名義変更等のために作成しておきましょう。遺産分割協議書に記載する内容は、誰が、何を取得したのか分かるようにしておきます。例えば、不動産の土地・建物はA、預貯金のX銀行とY銀行はA・Bで2分の1ずつ、Z証券会社はCに、その他記載されていない財産はAにといったようにです。

そして、遺産分割協議書には、日付、相続人全員の住所、署名、実印の押印、印鑑登録証明書の添付が必要です。相続人が1人でも欠けていたら無効になります。なお、家庭裁判所で相続放棄の手続きをした人は署名等は不要ですが、相続しない人（いわゆる0円相続の人）は署名等が必要になります。

相続人に判断力がない人がいる場合は、家庭裁判所に選んでもらった後見人などが遺産分割協議を行います。また、相続人に行方不明者がいてその人を探しても見つからない時は、生存している可能性が高いのなら、「不在者財産管理人」を家庭裁判所に選んでもらいます。7年以上行方不明で「行方不明者届」など失踪を証明する書類がある場合には「失踪宣告」を検討します。このようなケースになると時間がかかり、第三者が関与すると遺産を自由に分けられないため、スムーズに進みません。

遺産分割協議書作成のポイント

◉誰が、どの遺産を相続するのかわかるように書く。

◉不動産は、できたら法務局で取得した「登記事項証明書」のとおりに書く。
むずかしい場合は、「土地」「建物」とわかるように書く（「自宅」とは書かない）。

◉書かれていない財産については、誰が取得するのかを書く。

◉日付を書く。

◉相続人数分の枚数を作成する（署名部分以外は印刷でもかまわない）。

◉すべての枚数に相続人全員が自署、実印押印、印鑑登録証明書を添付する。

◉遺産を取得しない人（0円相続）も、署名などが必要。
家庭裁判所で相続放棄をした人は署名など不要。

遺産分割協議書作成の注意点

◉相続人以外の人に遺産を渡すなどは記載できない。

◉氏名は印刷ではなく、自署がよい（証明できるように）。

◉A4サイズ1枚に入らない場合は、A3サイズ（A4サイズ2枚をならべた大きさ）での作成や、複数枚を割印（契印）して作成する。

◉相続人が1人でも欠けると無効になる。

⇒判断能力のない相続人がいる場合や行方不明の相続人がいる場合はとくに注意。

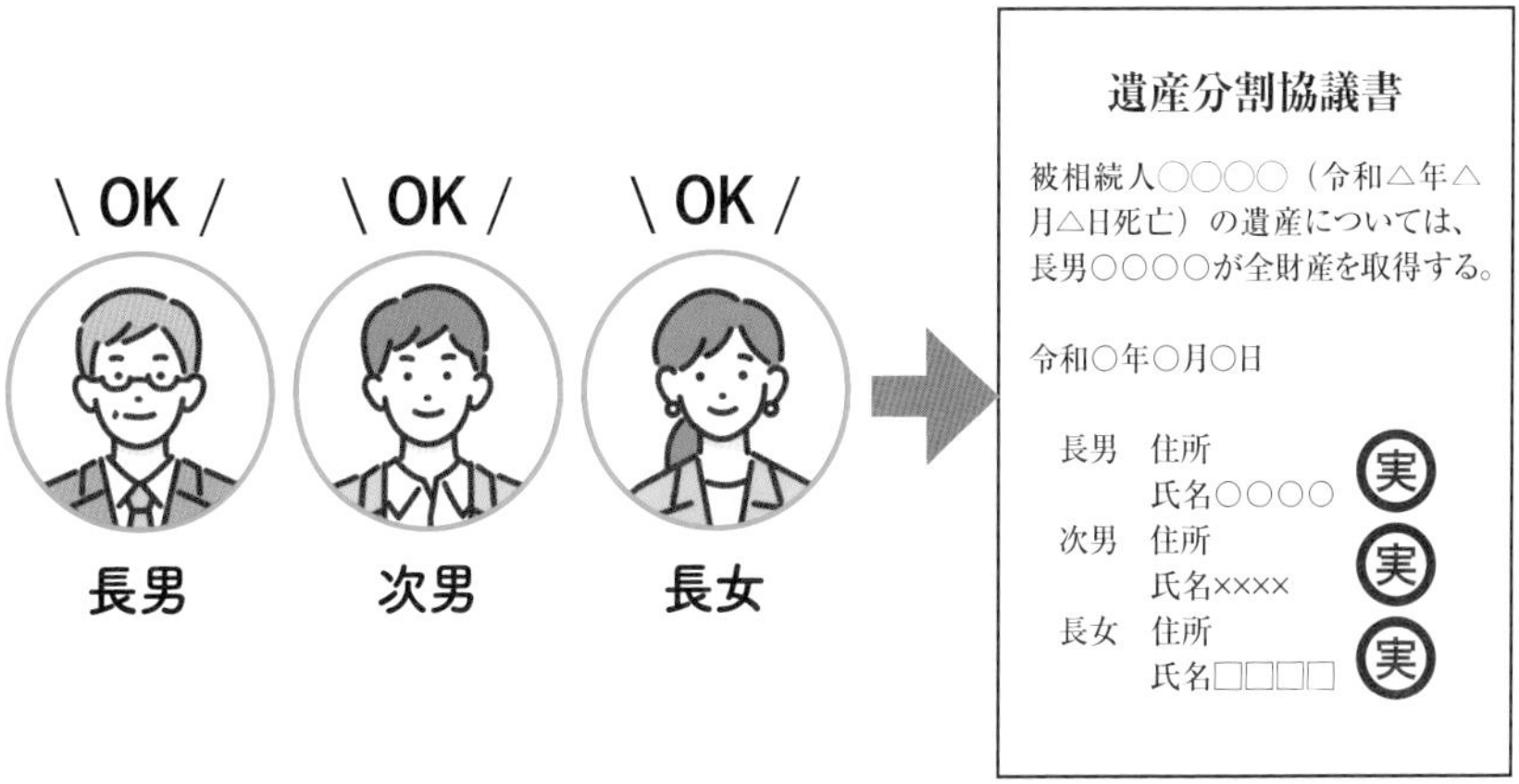

遺産分割協議書の一例

遺産分割協議書には相続人全員の署名・実印押印が必要です。作成された協議書に署名・押印をすると、原則として変更や取り消しができません。

また、遺産分割協議書で相続人以外に遺産を渡すことはできません。もし山田二郎さんが子に遺産を渡したい場合は、遺産を相続した二郎さんから子への贈与になります。

遺産分割協議書

被相続人　　山田　妹子
最後の本籍　　○○県○○市○○町○○番地
最後の住所　　○○県○○市○○町○丁目○番○号
生年月日　　昭和△△年△月△日
死亡年月日　　令和□□年□月□日

①相続人全員の名前を書く

上記の者が死亡したことにより、共同相続人である弟 山田二郎および亡兄山田一郎の子 山田甥郎は、被相続人の遺産を次のとおり分割することに合意した。

1. 次の不動産は、山田二郎が取得する。

(1) 土地…

所　在　　○○市○○町○丁目
地　番　　○○番○○
地　目　　○○
地　積　　○○㎡

②不動産の登記事項証明書を確認して記載がよい

(2) 建物…

所　在　　○○市○○町○丁目○○番○○
家屋番号　　○○番○○
種　類　　○○
構　造　　○○
床面積　1階　○○㎡
　　　　2階　○○㎡

③預貯金の合計額を複数人で分割する場合は「誰と誰が」「どの割合で」分けるのか記載する

2. 次の金融資産は、山田二郎と山田甥郎が均等の割合で取得する。
　A銀行B支店　普通預金　口座番号12345678
　C銀行D支店　普通預金　口座番号23456789

3. 本協議書に記載なき資産及び後日判明した遺産については、山田甥郎がこれを取得する。

④遺産分割協議書に書かれていない財産（マイナスの財産も対象になる）を取得する人を書いておく

上記の通り、相続人全員による遺産分割協議が成立したので、これを証明するため本書を作成し、各自署名押印をする。

⑤全文パソコン等で作成してもよいが、氏名は「署名」がよい

令和〇〇年〇〇月〇〇日
　相続人　住所　〇〇県〇〇市〇〇町〇〇番地
　　　　　氏名　山田　二郎　　　　実印

　相続人　住所　〇〇県〇〇市〇〇町〇丁目〇番〇号
　　　　　氏名　山田　甥郎　　　　実印

※『読んで使えるあなたのエンディングノート』から引用。

33

生前贈与

生前に贈与するにはどうすればいいの？

1年間に110万円までなら贈与税がかからない暦年贈与を利用しよう

今後の生活に影響が出ない範囲で検討しよう

もし、甥や姪、親しい友人などに金銭を贈与したい場合は、「暦年贈与」を利用してみてはいかがでしょう。暦年贈与とは、1月1日から12月31日までの1年間に110万円までなら贈与税がかからないしくみです。110万円を超えた場合は、超えた分に贈与税がかかりますが、贈与税がかかるのは、贈与した人ではなく贈与を受けた人です。1人からの贈与額が110万円以下であっても、複数人から贈与を受け、年間で合計110万円を超えたら贈与税がかかってしまいます。注意が必要なのは、10年間毎年110万円ずつ贈与するといった場合、1100万円を一括贈与したとしてみなされてしまう可能性があることです。

そもそも「贈与」は、渡す人（贈与者）ともらう人（受贈者）双方の意思が必要です。そのため、もらう年ごとに「贈与契約書」を作成し、双方が署名しておくとお互いの意思が証明できます。

なお、贈与した人が亡くなった時には、贈与した年より前7年は遺産に持ち戻しされます。相続税対策で節税目的に贈与をするなら、持ち戻し期間を超えなければ「遺産額」は減らないため節税にはなりません。ただし、相続人以外の人へ贈与した場合には持ち戻しにならないため、「遺産額」を減らすことができます。

とはいえ、まずは自分の今後の生活が重要です。病気、介護、施設入所などがあっても影響がない範囲での贈与が望ましいといえます。どうしても贈与したいなどの理由がないのなら、むやみに贈与する必要はありません。遺言書を作成し「遺贈」として、本人が亡くなった後に贈与することもできます。ただし、遺贈の場合、相手が拒否したら渡せません。

暦年贈与とは?

１年間（１月１日～12月31日）の間に、110万円までなら、贈与税がかかりません。何人でも贈与することができます。

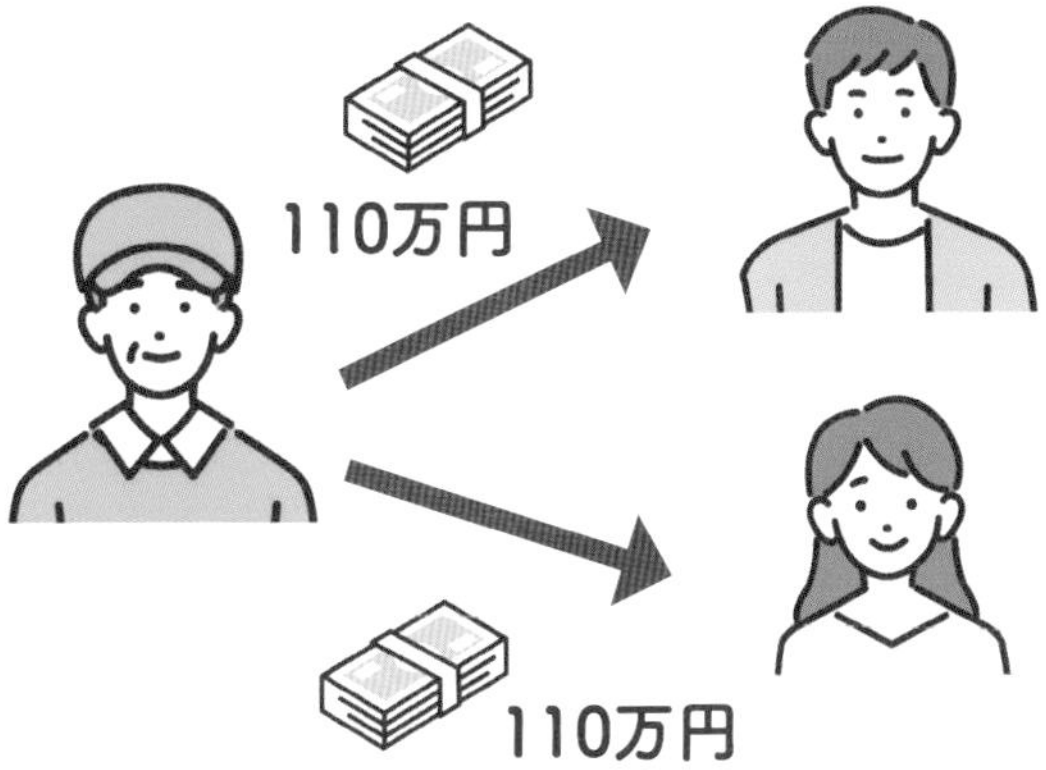

生前贈与の持ち戻しは7年

生前贈与の持ち戻し期間は、亡くなる前７年前（※）になります。延長4年間の贈与については、総額100万円まで相続財産に加算されません。

※令和6年1月１日改正により、持ち戻し期間３年だったのが順次７年に延長されます。

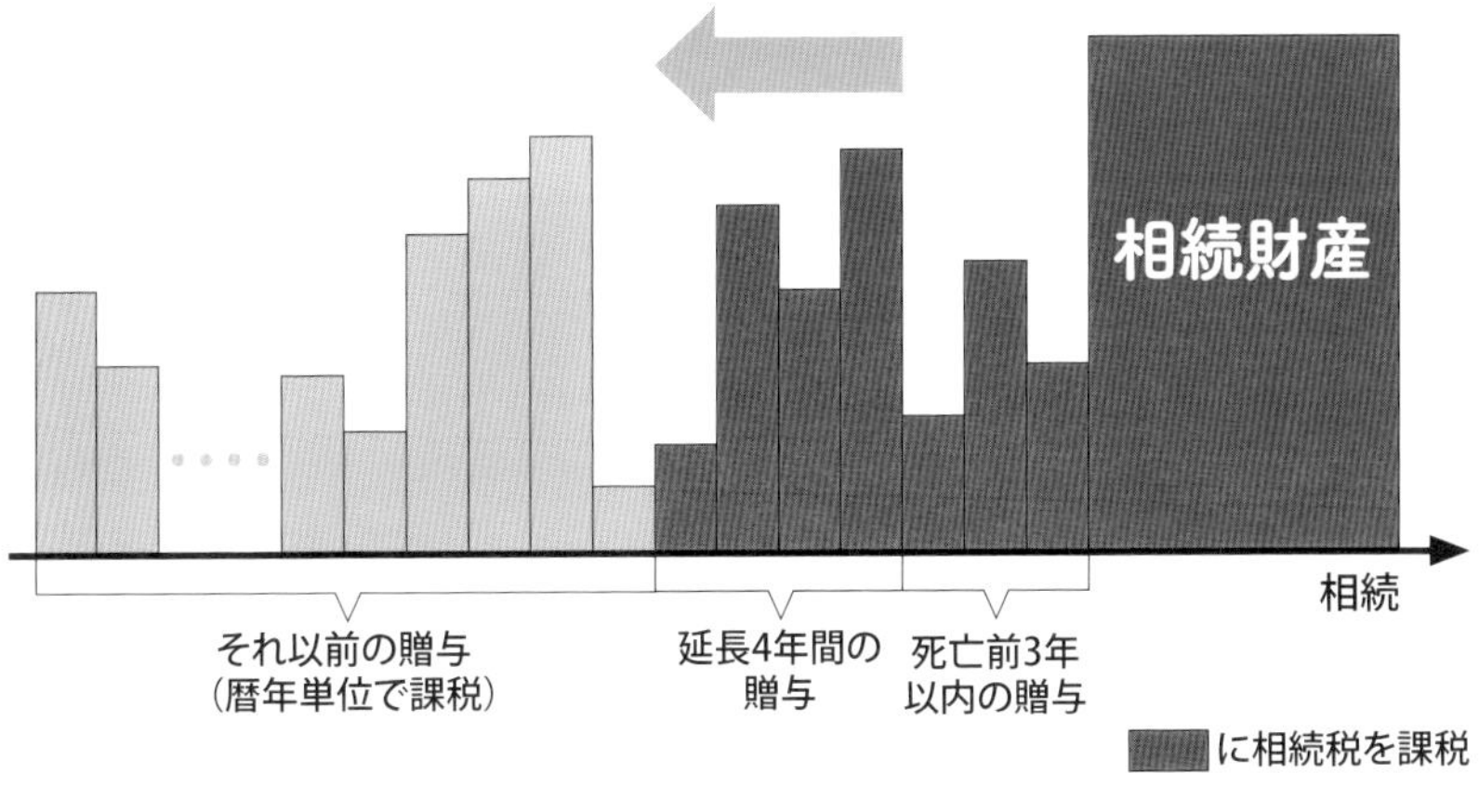

※財務省「令和5年度税制改正」（令和5年3月発行）を元に作成。

34

遺言書

遺言書にはどんな種類、違いがあるの？

主に「自筆証書遺言」「公正証書遺言」「秘密証書遺言」がある

おひとりさまは、スムーズで確実な「公正証書遺言」が安心

遺言書には大きく分けて、「自筆証書遺言」、「公正証書遺言」、「秘密証書遺言」という3つの種類があります。

秘密証書遺言は、公証役場において遺言書の存在の証明のみを行ってもらう遺言書のため、あまり使われることがありません。ここでは、よく使われる「自筆証書遺言」と「公正証書遺言」についてみていきましょう。

「自筆証書遺言」は、自分で全文（財産目録部分のみパソコンなどでの作成も可能）を書かなければなりませんが、費用もかからないため、手軽に作成できます。

しかし、本当に本人の意思なのか不確実だったり、遺言執行者（遺言内容を実現させる手続きをする人）の指定がなされていない、内容や書き方に不備がある、要件（全文自筆のほか、日付、署名、押印も必要）を満たしていないなどで無効になったり、遺言執行ができなかったりする場合もあります。また、紛失・変造のおそれもあります。

作成した自筆証書遺言を法務局に預けていない場合は、遺言者の死後、家庭裁判所で遺言書の偽造変造防止のための手続きである「検認」の申し立ても必要です。

「公正証書遺言」は、公証人が作成するため、無効になる心配がなく、本人の意思も明確です。遺言者死亡後の検認も不要なため、スムーズに遺言執行をすることができます。しかし、証人が2名以上必要である上に公証役場の手数料もかかります。

おひとりさまの場合は、遺言の内容が明確で確実に遺言執行ができる「公正証書遺言」が安心かつ確実です。

遺言書の種類とメリット・デメリット

自筆証書遺言	メリット	・費用がかからない ・いつでも作成できる
	デメリット	・全文自筆※1で作成する(作成年月日、署名、押印が必要。吉日、夫婦連名で作成、ワープロ作成、代筆、録音 ・録画、スタンプ印押印などの場合は無効になる) ・有効、無効争いのおそれがある ・無効、紛失・隠匿、偽造のおそれがある ・内容に不備があり、遺言執行できない場合がある ・遺言者が亡くなったあと、家庭裁判所で検認※2が必要(法務局で遺言書の保管をした場合は不要)
公正証書遺言	メリット	・本人の意思が明確 ・紛失、偽造のおそれがない ・検認が不要
	デメリット	・公証役場で作成が必要(出向けない場合は、公証人が施設などへ出張してくれる) ・費用がかかる(公証人に出張してもらう場合は1.5倍の費用や交通費、日当が必要) ・証人(利害関係のない人)2名以上が必要

※1 財産目録のみパソコンでの作成、通帳コピーや登記事項証明書添付などでも可能です。
なお、1枚ごとに署名押印が必要です。

※2 検認は、遺言書の偽造・変造を防止するための手続きです。遺言者が亡くなったあと、家庭裁判所に検認の申立て(遺言者の出生時から死亡時までのすべての戸籍本や相続人全員の戸籍本などが必要)をし、封印してある遺言書は開封しないまま検認日当日に持参しなければなりません。開封しても無効にはなりませんが、5万円以下の過料がかかる可能性があります。

遺言書の一例

おひとりさまが遺言書を作成する場合、きょうだいや甥・姪に遺産を渡す内容にしたり、どこかへ寄付したりといった内容が大半です。実際には、誰にどのような遺産を渡したいのかによって書き方が変わりますが、ここでは、亡き姉の子（甥）と弟、第三者Aへ遺産を渡す内容のサンプルを掲載します。なお、遺言書を作成する際には、専門家のアドバイスを求めるようにしてください。

遺　言　書

遺言者山田妹子は、以下の通り遺言する。

第1条　次の不動産を、遺言者の弟・山田二郎（◯年◯月◯日生）に相続させる。

(1) 土　地
所　在　◯◯市◯◯町◯丁目
地　番　◯◯番◯◯
地　目　◯◯
地　積　◯◯㎡

(2) 建　物
所　在　◯◯市◯◯町◯丁目◯◯番◯◯
家屋番号　◯◯番◯◯
種　類　◯◯
構　造　◯◯
床面積　1階　◯◯㎡
　　　　2階　◯◯㎡

①不動産の登記事項証明書を確認して記載がよい

③年齢が高い人へ相続させる場合や、寄付（遺贈）する相手が拒否した時に備え、予備として次の相続人を指定しておくとよい

②相続人以外の人には「遺贈する」と書く

第2条　第3条記載の財産を除く次の金融資産は、亡兄・山田一郎の子・山田甥郎（◯年◯月◯日生）に相続させる。
（1）A銀行B支店の預金
（2）C銀行D支店の貯金

第3条　現金300万円を公益財団法人△△
（住所:◯◯県◯◯市◯◯町◯丁目◯◯番地）に遺贈する。

第4条　前記山田二郎が、遺言者の死亡以前に死亡した場合には、第1条記載の不動産は、前記山田甥郎に相続させる。

第5条　遺言書に記載のないその他一切の財産を、前記山田甥郎に相続させる。

第6条　遺言執行者として、次の者を指定する。
◯◯県◯◯市◯◯町◯丁目◯◯番地
行政書士　△△　△△

以上

令和◯年◯月◯日

山田　妹子 ㊞

④その他一切の財産をどうするのか記入しておく

⑤印は実印が良い。朱肉を使わない印は不可

⑥全文手書きで書くこと

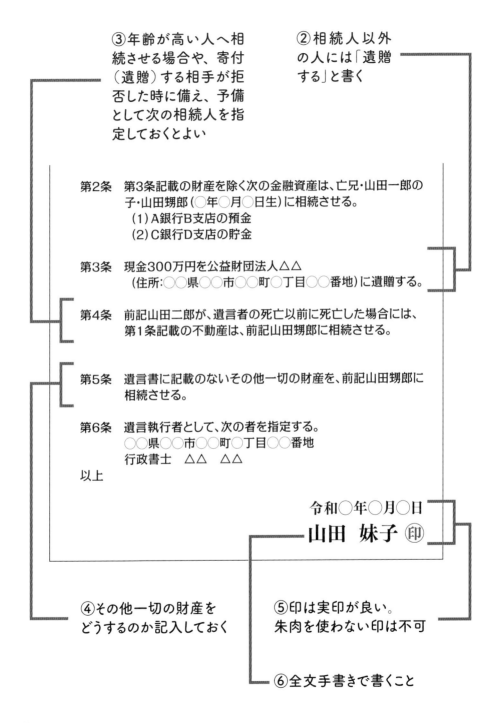

35 遺言書を作れば指定した人に財産を渡せる？

遺言書

遺言書を作成する場合の注意点を知っておこう

「遺言書」で大切なのは、作成ではなく確実に執行できること

きょうだいが相続人になるケースが多いおひとりさまは、遺言書を作成して、自分の遺産をどうしたいのか決めておくことが大切です。しかし、「遺言書」の目的は、遺言内容を確実に叶えることです。作成すればよいものではありません。

遺言書は、法律に基づいた方式が必要ですし、「相続させる」や「遺贈する」などの書き方や、書き漏れ財産の取り扱い、もし遺産を渡す人が遺言者より先に死亡した時にはその財産をどうするといった予備的遺言のほか、その遺言書内容どおりに手続きをする遺言執行者の指定など、さまざまなことを考え形にしていかなければなりません。

なお、相続人には「遺留分」といって、最低限受け取れる遺産の割合が保障されています。遺産分割で分ける場合には、本人が納得した割合で決めるため遺留分は関係ありませんが、遺言書で指定されている場合は、本来もらえるはずの遺産がもらえなくなることがあります。その場合に、相続人が主張できる権利があるのです。

しかし、遺留分を請求する権利（「遺留分侵害額請求」という）は、配偶者、子、父母には請求する権利はあるものの、きょうだいにはその権利はありません。

つまり、きょうだいしか相続人がいない場合、遺言書で「○○へ寄付する」と書かれていたら、全てその相手に渡せるということです。

おひとりさまの場合、死後事務委任契約も併せて必要になるケースが多いため、その時に関与してもらう専門家（弁護士や行政書士など）にアドバイスをもらいながら進めていくと安心です。

法定相続分と遺留分

法定相続人		法定相続分	遺留分
配偶者のみ		1	1/2
「配偶者」と「子」	配偶者	1/2	1/4
	子	1/2	1/4
「配偶者」と「父（母）」	配偶者	2/3	1/3
	父(母)	1/3	1/6
「配偶者」と「きょうだい」	配偶者	3/4	1/2
	きょうだい	1/4	なし
「子」のみ	―	1	1/2
父（母）のみ	―	1	1/3
きょうだいのみ	―	1	なし

遺留分の注意点

・遺留分を主張(遺留分侵害額請求)するか否かは、遺留分を侵害されている本人(もらう権利があると主張できる人)次第です。必ず請求されるとは限りません。

・遺留分は「金銭」で支払わなければなりません。遺留分の請求をされる人(多く遺産をもらう人)自身の財産を充てたり、不動産を売却するなどしてでも支払わなければいけません。もし支払えない場合、家庭裁判所に申立てをして認められれば、一定期間の支払期限の猶予を受けられます。

・遺留分を請求された時、金銭での支払いが難しいような場合には、事前に対策をしたほうがよい場合もあります。

・遺留分の時効は、遺留分を主張できる人が、遺留分を侵害されていることを知った時から1年。もしくは、相続の開始の時から10年です。

36

遺言書

遺言書で寄付する場合の注意点は？

遺産を寄付するには「遺言書」で指定しなければ渡せない

寄付する団体が信用できるかしっかり確認しよう

おひとりさまの中には、自分の遺産をどこかの団体へ寄付したいと思う人もいます。その場合、「遺言書」を作成し、寄付する団体名などを記載しておかなければ叶いません。

「どこかの事前団体へ寄付」という指定はできず、「A団体へ寄付」と具体的に指定しなければならないため、自分がどこへ寄付をしたいのか、しっかりと決めておかなければなりません。

その際に、寄付したい先の団体などが寄付を受け付けているのかといった確認も必要です。

いざ遺言に基づいて寄付をしようとしても、受け取れないとなると、その遺産の行先がなくなり、相続人がいれば相続人に、相続人がいなければ国庫へ帰属させる手続きをしなければならないからです。

また、どのような寄付を受け付けているのかの確認もしておくと安心です。たいていは金銭のみの寄付しか受け付けていないため、不動産を持っていて全財産を寄付する場合は、その不動産を売却して現金化したのちでなければ、寄付ができません。

とはいえ、不動産が売却できるかといった問題もあるため、全財産を寄付するなどの場合は特に、専門家に相談したほうが無難です。

寄付先を選ぶ時には、寄付したい団体が本当に信頼できるか調べましょう。寄付してもらったお金をきちんとした活動に役立てている団体がほとんどでしょうが、そうでない団体があるのもまた事実です。

寄付を考えるなら

1. 現状の財産を確認する

2. どのような相手に、
どのような財産を寄付したいのか考える

3. 寄付先を選ぶ

4. 寄付先に、寄付を受け付けているのか確認する

5. 遺言書を作成する（公正証書遺言がよい）

6. 遺言者死亡後、遺言執行、寄付

37 遺品を整理する人が困ることは？

生前整理

元気なうちに片づけ（生前整理）をしておこう

後で遺品整理する人の負担を減らすように準備しておこう

長い間集めた大切なものや、心に残る思い出が詰まった品々が身の回りにあるでしょう。もし自分が亡くなったら、これらはどうするのでしょう。

おひとりさまの場合、遺品の行先を指定する人もいますが、たいていは換金可能な物は換金して、そのあとすべての物を処分して欲しいと言う人が大半です。

もし、誰かに渡したいものがあった場合は、「何を」「誰（どこ）に」渡したいのかわかるようにしておけば、遺品整理する人が困らずに済みます。

ただし、形見分けをしたいと思っても、気持ちの押し付けにならないよう、その遺品をもらう人の気持ちは考えなければいけません。

遺品の整理・不用品の処分をするといっても、要・不要の分別が必要です。相続手続きのために処分してはいけない財産に関する情報や役所の手続きで必要な書類もあるからです。

その大事な書類の情報は、エンディングノートなどに書いてわかるようにしておいたり、すぐにわかる場所に保管しておいたりすれば、必要な時にすぐに見つけることができます。

何よりも、不要なものは事前に整理しておくと、室内でのケガ防止にもなるため、適宜整理しておきましょう。

注意点としては、「遺品」ではなく、「今現在」の場合、通帳や権利証など重要なものの保管場所がすぐわかるのはデメリットになります。

その点をどうするのかは考える必要があります。

処分で困るもの、分別しておきたいもの

処分に困るもの

不要なものなどは、少しずつ整理・処分しておきましょう。

・趣味のもの、生前にコレクションしていたもの
・骨とう品、絵画、着物、人形
・引き出物などのもらい物
・年賀状、日記、手帳、手紙、写真アルバム
・過去の請求書、証券、宝くじなど
・仏壇・仏具・位牌・遺影
・その他宗教関係のもの

分別しておきたいもの

うっかり捨てられないように、保管しておきたいものは、大切なものだとわかるようにまとめておいたり、保管場所を決めておいたりしましょう。

・年金手帳（証書）、健康保険証、介護保険証、マイナンバーカードなど
・固定資産税や住民税などの通知
・医療費などの領収書
・保険証券、通帳、印鑑、不動産権利証、契約書、会員証など
・住所録
・（自営業などの場合は）準確定申告するために必要な書類、事業関係の書類

38 生前整理業者に依頼する際の注意点は？

生前整理

依頼する場合は現場に来てもらい見積もりをしてもらおう

依頼したい内容によって選ぶ業者は異なる

歳を取ると室内で転倒するリスクが高まります。ケガをして不便な生活をすることになったり、骨折して動けなくなったりすると、足腰が弱り判断力にも影響を与えかねません。終活の一環として、この際だから断捨離したい、2階に上がるのは大変なので必要な荷物は1階に、不要なものは2階に移したいという人もいます。できたら部屋はスッキリ片付いているのが理想です。しかし、早めに片づけたほうが良いのは分かっていても、重い物を動かしたり捨てたりするのは大変なもの。そのようなときは、生前整理をしてくれる専門業者に依頼することもできます。

生前整理業者といっても、遺品整理業者、不用品回収業者、お片付け専門業者、便利屋など多くあります。不用品のみを処分したいのか、片付けを一緒にしてほしいのかによって選ぶ業者は違うものの、業者に依頼する前には、何を行ってくれるのか、費用はどの程度かかるのか、何人で行うのか、買い取りを行ってくれるのかなど確認することが大切です。生前整理業者に見積もりを依頼する際は、室内の確認をしなければ見積額が出せない場合もあります。多くの物を処分するのであれば、トラック何台分になりそうなのか、エレベーターがあるのか、近くに車が止められるのかといった周辺の環境も関係するからです。とはいえ、業者に独り暮らしと知られたくない、どこに何があるのか把握されそうで不安と思う人もいます。

安心して依頼できる業者を選ぶのは難しいもの。どうしても依頼できなければ、友人に手伝ってもらったり、できる範囲のものを整理・処分したりと、少しずつ進めていきましょう。

生前整理を行っている業者

・遺品整理業者
・不用品回収業者
・お片付け専門業者
・リサイクルショップ
・便利屋
・ハウスクリーニング業
・家事代行業　など

見積もりの際にチェックしておくこと

・費用はどの程度かかるのか
・追加料金は発生するのか
・何人で行ってくれるのか
・無理のないスケジュールで作業してくれるのか
・買い取りを行ってくれるのか
・リサイクルなどで売れた分を返金してくれるのか
・やりっぱなしではなく掃除もしてくれるのか

39 生前整理

デジタル遺品情報はわかるようにしておこう

電子メールやSNSのアカウントなどインターネット上のデータも整理が必要

パスワードなど紙に書いて別途保管しておく

今は、インターネットやアプリで買い物をしたり、会員登録をして取り引きをしたり、XやInstagramなどのSNS（ソーシャル・ネットワーキング・サービス）を利用したりしている人が多くなりました。

これらはパソコンやスマートフォンで確認することが多く、本人以外はロック解除できないものです。

しかし、本人亡き後、これらの取り引きを整理しなければなりません。IDやパスワードなどがわからないとロック解除できず、情報の把握ができないため解約などができません。

ロック解除できたとしても、取引情報を把握するためにメールやインターネットの履歴、アプリなど本人が利用していたツールを見て確認しなければならないこともあります。

それを望まないのであれば、ロック解除の方法のほか、取引先のURL、ID、パスワードのヒント（パスワードは紙に書いて別途保管）、どうして欲しいのかを一覧にしておきましょう。

通帳を凍結させても、クレジットカードを解約しても、元の契約を解約しなければ、請求がなされてしまいます。

支払いができず、支払いの督促が郵送されてきて初めてわかり、やっと解約ということでは時間がかかり大変です。年会費などの場合は、かなり時間が経ってから知ることになります。

なお、ネット銀行はキャッシュカードがあれば解約手続きはできます。ネット証券は、定期的に送付されてくる書類がない場合は、取引している証券会社情報を残しておきましょう。

デジタル遺品情報の整理の仕方

①見られては困る情報の保存方法

解約などの手続きが必要ない情報は、USBメモリー、メモリーカード、外付けハードディスクなどへ保存します。信頼できる人に処分してもらうよう託しておきます。

②データ削除のサービスを利用する場合の注意点

業者と契約して、データ削除をして貰う場合、すべて消去されてしまうと手がかりがなくなってしまい、困る事態になりかねないので、本人、手続きを行う人が困らないか考えたうえで利用しましょう。

③ロック解除できるようにしておく

パソコンやスマートフォンのパスワードなどを数回間違えると、セキュリティー保護のためロックされることがあります。その場合は、専門業者に依頼して解除してもらわなければなりません。パソコン内の必要な情報などがわからなくて手続きを行う人が困らないよう、ロック解除ができるようにしておきましょう。

④パスワードの残し方

IDとパスワードをセットで残すべきではないため、パスワードは別の紙に書いて、その保管場所などの情報を死後事務委任契約を交わした相手や信頼できる誰かに伝えておきましょう。

⑤相続・引継ぎができるデジタル資産など

デジタル資産など	備考
マイレージ	死亡後6カ月以内など期限がある会社もあります。ただしマイル有効期限内に限ります。
クレジットカードなどのポイント	原則として相続不可。家族カード間なら移行可能な場合もあります。
暗号資産（仮想通貨）	利用している暗号資産取引所や暗号資産を取引するための「ウォレット」に格納されているアドレスや秘密鍵などの情報がわからないと、保有者の証明ができないため回収不能になってしまいます。
電子マネー	残金の返金に応じてくれるケースが多いですが、長期間利用がない場合は失効する場合もあります。
SNS（LINE、Facebook、Xなど）	事前に第三者を管理者として指定できたり、申請によりアカウントの変更や削除依頼ができたりなど、対応はそれぞれ異なります。

40

ペットの扱い

死後、ペットの世話は誰に頼む?

条件付きの遺言書で遺産とともに託すか、ペットの信託を利用する

日常の世話の仕方などはエンディングノートに記そう

自分がこの世を去ったあと、飼っているペットがどうなるか考えたことはありますか?

入院したり、施設に入所することになった場合は、56ページにある通りですが、自分が亡くなったあとはどうすればいいでしょうか。法律上、ペットは「物」として扱われるため、遺言書にペットの行き先を書くことはできません。

しかし、「ペットの世話をすること」を条件に、遺産を渡すことはできます。とはいえ、「ペットも遺産もいらない」と相続放棄されてしまう可能性がある点が問題です。そのため、確実にペットの面倒を見てくれる人や団体に遺産を渡すようにする必要があります。そして、ペットと遺産を確実に渡す遺言執行者も決めておきます。

また、利用可能なら、「ペットの信託」という方法もあります。ペットの信託とは、飼い主（委託者）が万が一の事態に備えて、ペットと飼育にかかる費用を信頼できる人や団体（受益者）に託し、ペットの生涯を支えてもらうための仕組みです。

ただし、ペットを飼育してくれる人や団体（受益者）へ、ペットと費用を渡す人（受託者）が必要です。

ペットの信託を利用するには、飼い主（委託者）とペットや費用を渡す人（受託者）が契約を結ばなければなりません。ペットが寿命を迎えるまでにかかる費用を試算し、その額を受託者に渡しておき、必要時に受益者に渡るようにしておく必要があります。

なお通常は、受託者は親族が担いますが、親族がいない場合は、信託を代行する事業者などを受託者にすることもできます。

条件付きの遺言書にする場合の文例

※「ペットの世話をすること」を条件とした場合

第1条
遺言者は、遺言者の下記財産を、遺言者の友人A（住所：〇〇県〇〇市〇〇1丁目2番地、昭和〇年〇月〇日生）に遺贈する。
1. 〇〇銀行〇支店の遺言者名義の預金全部
2.遺言者の飼い猫〇〇（スコティッシュ・フォールド・メス）

第2条
Aは、上記遺贈を受ける負担として、遺言者の飼い猫〇〇の世話を行うこととし、飼い猫〇〇が死亡した場合には適当な方法で埋葬、供養しなければならない。

第3条
飼い猫〇〇が遺言者より先に死亡した場合は、第1条の財産は遺贈しない。

ペットの信託の仕組み

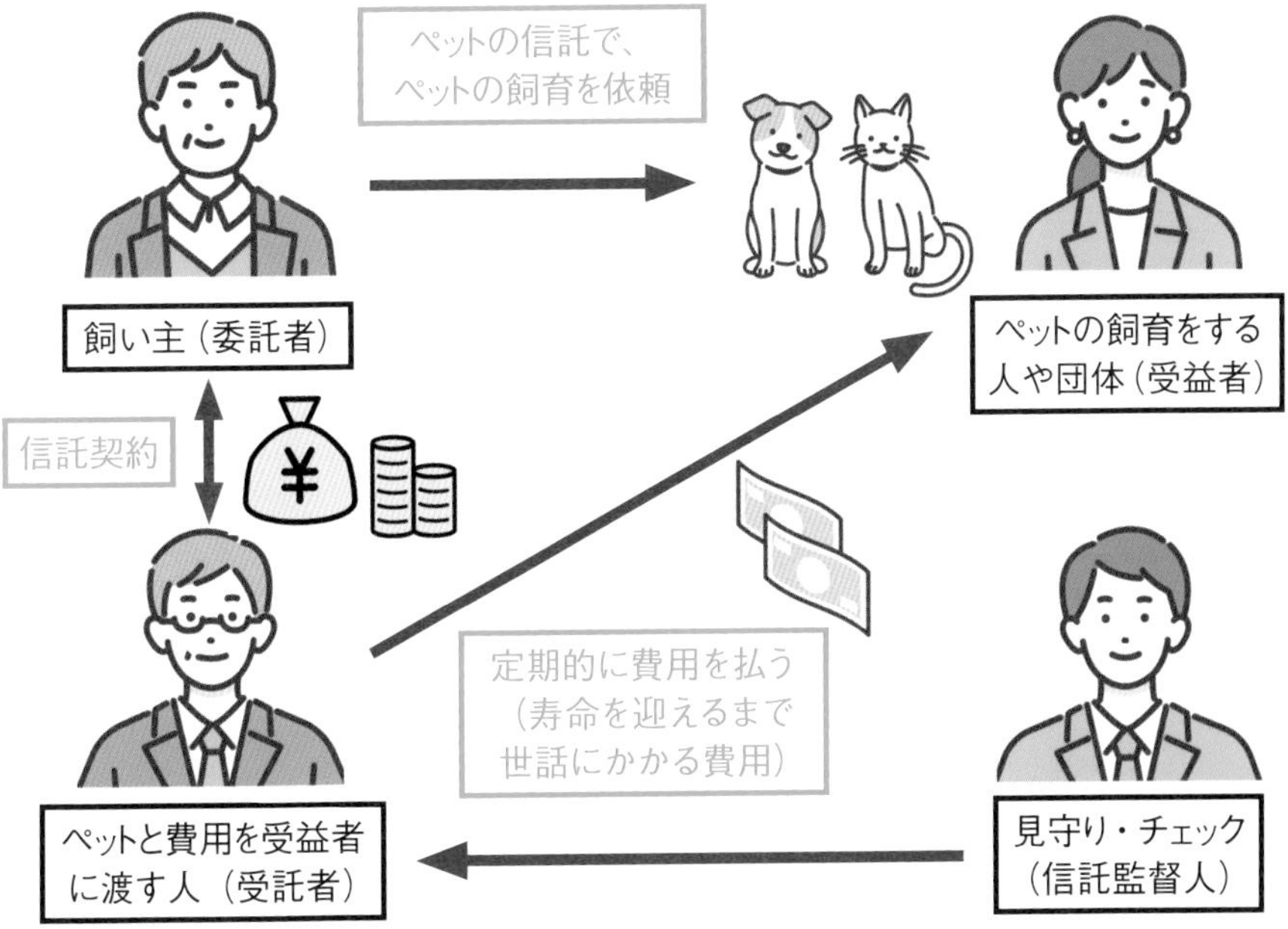

41

相続

配偶者が亡くなった時の相続手続きは？

葬儀が終わった後に行う相続手続きの流れを知っておこう

遺言書がある場合、ない場合で相続手続きの流れが違う

葬儀が一段落したら、遺言書があってもなくても、①相続人の確定、②財産の調査、③遺言書有無の確認をしていきます。これは同時進行で行います。

遺言書がない場合は、68ページにあるように相続人を確定し、その相続人と遺産をどう分けるのかの話し合い（遺産分割協議）を行います。遺産は法定相続分（法律で定められている分け方）で分ける必要はなく、話し合いで自由に決められます。そのため、財産の調査も事前に行っておく必要があります。

財産額を把握するには、預貯金は通帳を記帳、株や投資信託などは定期的に送付されてくる報告書などで確認、不動産は概算として固定資産税納税通知書に記載されている課税明細の評価額を、車や骨とう品などは査定してもらい、借金や未払金などの額も確認していきます。

そして遺産の分け方が決まったら、誰が何を取得するのかを記載した「遺産分割協議書」を作成します。相続人全員の署名や印鑑登録証明書の添付も必要です。専門家に作成を依頼する場合は、行政書士が適任です。戸籍謄本の取得も含めて行ってもらえます。

自宅に自筆証書遺言が保管されている場合は、①の書類や相続人の戸籍謄本などをそろえたうえで、家庭裁判所へ「検認」の申し立てをします。後日、通知が届いたら家庭裁判所に遺言書を持参し、遺言書の開封がなされます。

法務局に預けた遺言書がある場合は、法務局からの通知が届いたら、先のケースと同様の書類などをそろえ、法務局で遺言書を受け取ります。

公正証書遺言がある場合は、遺言執行者が相続人全員に執行者就任通知と遺言書のコピー、財産一覧を送付します。

相続手続きの主な流れ

死亡	
7日以内	死亡届の提出（葬儀社が代行することが多い）

・相続人の確定（被相続人（故人）の出生時から死亡時までの連続した戸籍謄本などの取得）（68ページ）
・財産の調査（借入金・未払金などを含む）、財産目録の作成
・遺言書の有無の確認
 a.遺言書がない場合、相続人全員で遺産分割協議（74ページ）。遺産分割へ
 b.自筆証書遺言の場合、家庭裁判所へ検認手続き（法務局に遺言書を預けていない場合）。遺言執行へ
 c. 公正証書遺言の場合、遺言執行へ
・法定相続情報証明図※1の作成、法務局へ申出（行う場合）

3カ月以内	相続放棄（する場合は家庭裁判所へ）
4カ月以内	準確定申告（必要な場合）

・納税資金の検討、準備
・相続税の申告書作成（小規模宅地等の特例※2、配偶者の税額軽減の特例※3を利用するときも申告が必要）

10カ月以内	相続税申告と納税（必要な場合。原則現金一括納付）

※1 相続人の証明を「法定相続情報（相続関係の一覧図）」でできるもの。
※2 自宅や事業に使用していた宅地の相続税評価額を、最大80%減額できる特例。要件を満たしている場合に使える。
※3 配偶者が相続する額が、法定相続分または1億6000万円のどちらか大きい額まで課税されない特例。

手続きすべき財産	手続きを行う関係機関	
不動産（土地・建物）	不動産の所在地を管轄する法務局	
預貯金	口座のある金融機関の本支店など	
証券	預託している証券会社もしくは信託銀行など	
保険	契約している保険会社	
自動車	管轄の運輸支局または検査登録事務所	
年金	所在地を管轄する年金事務所	※所在地は被相続人（亡くなった人）の住所地
準確定申告、相続税申告	所在地を所轄する税務署	
後見人の選任、相続放棄、自筆証書遺言の検認、遺言執行者の選任など	所在地を管轄する家庭裁判所	

42 所有財産

自分の財産は把握しておこう

現金や不動産などプラスの財産だけでなくローンなどマイナスの財産も把握すること

今後の準備・対策のために、まずは自分の財産額を知ろう

自分の財産をどうするのか決めるにあたって、まずは自分の持っている財産を一通り把握しておくことは大切です。財産にはプラスの財産だけでなく、マイナスの財産もあります。

プラスの財産は、現金、預貯金、株や投資信託などの有価証券、不動産、車や骨とう品などの動産、ゴルフ会員権などがあります。

マイナスの財産には、借金や未払い金、ローンなどの残債、保証債務（保証人に課される債務）などがあります。

額を把握するには、預貯金は通帳を記帳すれば分かります。株や投資信託などは、定期的に送付されてくる取引残高報告書などで把握できます。

不動産は、毎年送付されてくる固定資産税の納税通知書に記載されている課税明細の評価額を概算額としておきます。

あとは、借金や大きな額の未払金などの額がわかれば、大まかな財産額がわかるため、細かな金額のものは気にしなくて大丈夫です。

不動産（農地や山林も含む）がある場合、その不動産が売却できるのかどうかも重要な点です。プラスの財産ではありますが、売却できない場合、現実的にはマイナスの財産になる可能性もあります。

なお、生命保険の死亡保険金は、財産額に含めなくて大丈夫です。死亡によって発生するため、受取人の固有財産になり、相続財産にはならないからです。ただし、相続税の計算の時には「みなし相続財産」として含められます。

相続財産になるもの

プラスの財産

- 預貯金、現金（タンス預金も含む）
- 土地、建物
- 株式、投資信託、国債、社債
- 自動車
- 知的財産権（商標権や著作権など）
- ゴルフ会員権
- 貸付金、売掛金
- 骨とう品、美術品、宝石類、貴金属、家具、電化製品など

マイナスの財産

- 借金
- 未払金
- 未払家賃
- 住宅ローン
- 自動車ローン
- 敷金、保証金、買掛金
- 未納の所得税、消費税、国民健康保険料など
- 保証債務

財産の確認の仕方

●不動産

毎年4～6月に送られてくる固定資産税の納税通知書にある課税明細書の評価額で概算額を把握。納税通知書がない場合は、市区町村役所で固定資産評価証明書や名寄帳の写しをもらう。

●現金・預貯金

預貯金は通帳を記帳して確認する。見あたらない場合は、金融機関で再発行してもらう。

●株や投資信託

定期的に送付されてくる取引残高報告書などで把握。

●借金

支払い明細書や請求書で確認。

●生命保険

保険証券もしくは提案書などで確認。

43 養子縁組

養子縁組をする際の注意点は?

縁組は簡単にできるけど、支援してもらえるかなど注意が必要

配偶者がいる場合は縁組の際に同意が必要

子どもがおらず頼れる親族もいない人や、頼れる親族が甥や姪などの場合、養子をもらおうと思う人もいます。

養子縁組をすれば、法律上ではあるけれど「子」ができるため、今後の手続きはその子どもが行えるし、支援もしてくれるため安心につながります。その見返りとして遺産を渡すという考えです。

しかし、孫や甥・姪など身内を養子にするならともかく、第三者を養子にする場合はより注意が必要です。

養子縁組は、両者の合意があれば簡単に手続きができます。養子縁組届に両者が記入し、証人2人の署名後、市区町村役場に提出すればよいのです。養子縁組をしても、実親との親子関係が解消されるわけではないため、養子になった人は、2組の親を持つことになります。そのため、実親と養親の両方に対して、相続する権利や扶養をする義務を持ちます。

なお、養子になれる人は、養親より年下でなければなりません。養親・養子となる人が結婚している場合は、その配偶者の同意を得なければなりません。夫婦共同で養親・養子にならなければならないわけではなく、夫婦の片方だけが養親・養子になる場合は、配偶者の同意が必要です。例えば、A子が養子になる場合、A子の夫B男の承諾がなければなりません。もちろん、養子になるのはA子のみで、A子は名字を変える必要もありません。

縁組は簡単ですが、一番難しいのは「離縁」です。相続人ではなくなるため、素直に承諾するとは限りません。養子縁組をしたけれど支援をしてもらえない、行方がわからなくなるといったケースもあります。「養子縁組」はよく考えた上で行いましょう。

養子縁組の仕組み

普通養子縁組

両方に親子関係あり

- 年齢制限なし（養親より年下であれば）
- 離縁可能
- 実親、養親が死亡した場合、いずれも相続人となる

特別養子縁組

実親との親子関係は終了

- 申し立て時に 子どもの年齢が15歳未満（一部例外あり）
- 夫婦でそろって養親になること（夫婦のいずれか一方は25歳以上、もう一方は20歳以上であること）
- 原則として離縁は不可
- 実親、養親が死亡した場合、養親の遺産のみ相続する

【コラム】

公正証書遺言の作り方

公正証書遺言を作るには、誰にどの財産をどのくらい残すのかを決めるところからはじめます。弁護士や行政書士などの専門家を介さず、自身で公証役場へ予約して作成する場合は、次のような流れになります。

遺言の内容が決まったら、公証役場に予約をします。どこの公証役場でも作成できますが、公証役場には口述のときと署名するときの最低2回は行くため、最寄りの公証役場のほうが負担は少なく済みます。予約当日は、戸籍謄本や財産がわかるもの、証人2名の情報などが必要です。そして、遺言の内容を公証人に口頭で伝え書面にしてもらいます。後日、遺言書に署名等をするときには遺言内容を確認する証人の立会いも必要です。証人は、未成年者や相続する人、遺贈を受ける人、四親等以内の親族などはなれません。適切な証人が見つからない場合は、公証役場が専門家を紹介してくれますので、事前にその専門家に依頼をしておきます。

公正証書遺言の作成には全国一律の手数料がかかります。遺産の合計額ではなく、遺産をもらう人ごとに計算されます。遺言書に署名する当日までに手数料額がわかるため、当日現金と引き換えに遺言書をもらいます。

公正証書遺言の作成にかかる公証人の手数料（抜粋）

遺産額	手数料
200万円超～500万円以下	1万1000円
500万円超～1000万円以下	1万7000円
1000万円超～3000万円以下	2万3000円
3000万円超～5000万円以下	2万9000円
5000万円超～1億円以下	4万3000円

※財産をもらう人ごとに計算され、総額が1億円以下なら手数料が加算される

第4章
葬儀・お墓・エンディングノート

44 葬儀

死亡直後から火葬までの流れは？

亡くなった時、どのようなことが行われるのか知っておこう

行うことや決めることが多く、喪主になる人は大変な思いをする

例えば、あなたが病院で亡くなった場合、病院から本人が指定した緊急連絡先へ、遺体の引き取り連絡がなされます。そして、緊急連絡を受けた相手は、病院から別の場所へ搬送してもらうため、葬儀社へ連絡をします。この時、葬儀社が決まっていなければ、葬儀社探しもしなければなりません。

葬儀社が到着するまでの間に病室の片付け、死亡診断書の受け取り、医療費の精算（会計窓口が閉まっている場合は後日）を行います。そして、葬儀社が到着したら搬送先を決め、そこへ安置してもらいます。その後、どこで、何人で、どのような内容の葬儀を行うのかを決めなければなりません。葬儀を行う場所、人数、祭壇、棺、通夜ぶるまいや精進落としなどの料理、返礼品など決めることは多くあります。人数がわからなければ、料理や返礼品の数も確定できません。

菩提寺が関与する場合は、戒名不要で行う葬儀は難しいため、菩提寺へ連絡をし、戒名やお布施の相談もしなければなりません。そして、受け取った死亡診断書の左側（死亡届）に必要事項を記入したら、葬儀社が役所へ代行で提出し、あわせて火葬許可証も取得してくれます。

葬儀の日時と場所が決まったら、連絡が必要な相手へ訃報連絡もしなければなりません。通夜や葬儀当日は、喪主として対応しなければならず、火葬がされた後は骨上げ（遺骨を骨つぼに収めること）をし、遺骨を自宅へ安置するといったこともしていかなければなりません。なお、自宅で亡くなった場合、かかりつけの医者がいない場合は変死扱いとなり、警察が介入します。

①亡くなった直後から通夜前までに行うこと

・故人が病院の霊安室に安置される。
・すぐに葬儀社を探して搬送の依頼をする（病院から早めの搬送を促されるため）。
・葬儀社の到着を待つあいだなどに故人の荷物の片付け、医療費などの支払い（後日精算の場合もある）、死亡診断書（左側のページは死亡届）の受け取りをする。
・葬儀社到着後、搬送先を決め、葬儀社に搬送、安置をしてもらう。
・葬儀社と葬儀内容の打ち合わせをする（菩提寺があれば連絡し 日程を確認。葬儀を行う場所、親族や会葬者の人数、祭壇、料理、返礼品などを決める）。
・葬儀社へ正式に依頼をする（別の葬儀社にするなら、ここまでの分を精算）。
・遺影写真を決め、葬儀社へ渡す。
・死亡届に記入し、市区町村役場へ提出（葬儀社が提出を代行する場合が多い）。
・訃報の連絡をする。
・お布施など現金の準備をする。

②通夜から精進落としまで

・納棺（すでに納されている場合もある）。
・通夜（始まる前に、供花の並び順や席次の確認。僧侶到着後にお布施を渡す）。
・翌日は葬儀、告別式（弔辞があれば読む人・順番を決める）、最後のお別れ（柩に花などを入れる）、出棺、火葬（火葬中に精進落としをすませることもある）、骨上げ（2人1組で遺骨を骨壺に納める）、遺骨迎え（自宅へ遺骨を安置。このあと 精進落としを済ませることもある）。
・初七日法要（今は告別式のあとに行うことが多い）。
・四十九日法要（葬儀のときに日時を決めるとよい）。
・精進落とし（本来は四十九日法要のあとに行う）。

45 葬儀

自分にあった葬儀を考えよう

葬儀の種類はさまざま 要望は事前に伝えておこう

「自分の葬儀」ではあるけれど「送る側の気持ち」も大事

葬儀を行う喪主に大きな負担がかからないよう、事前にある程度葬儀内容を決めておき、行ってくれる相手に伝えておくことが大切です。とはいえ、一方的な意思を示されては困ってしまいます。「誰も葬儀に呼ばなくていい」と言われても、あなたが死亡した事実を葬儀後に知ることになった親族や友人らから、葬儀を行った甥や姪、死後事務委任契約の受任者が非難されてしまいかねません。そのようなことがないよう、行う人の立場になって決めることが大切です。

おひとりさまの葬儀で問題なのは、「通夜も行うのか」、「誰に声をかけるのか」です。今は、通夜を行わず葬儀や告別式のみを行う「一日葬」もあります。また、葬儀を行わず火葬のみを行う「直葬」もあります。宗教の関与なく行う葬儀もできます。

もし生前に葬儀の準備をするなら、2社程度、葬儀社から見積書をもらいましょう。この時に大事なのは、タイプの違う葬儀社（会館がある・ないなど）を選ぶこと、実際に葬儀社に足を運び説明を聞きながら同じ条件で見積書の作成をしてもらうことです。事前に費用を支払っておく必要はありません。あくまでも候補としておけばよいのです。倒産や近くの会館閉鎖などが起こる可能性もあるからです。

それ以外に、自宅に帰りたい、自宅前を通ってほしいなどの要望や、遺影用写真の保管場所（1枚、もしくは複数枚から選択）、祭壇の色合いや使ってほしい花、旅立つ時の服装、流してほしい音楽、柩の中に入れてもらいたい物（副葬品）やその保管場所など、要望があればその旨を書面にし、喪主を行ってくれる人へ事前に伝えておきましょう。

主な葬儀のスタイル

一般葬	身内や町会、知人など故人に縁のある方々に広く訃報を知らせ、故人を見送る葬儀。供花や香典を頂けるため結果的に費用負担が少なく済むことがある。
家族葬	定義がはっきり定まっていないため、家族のみ、親せきも含める、故人の親しい友人も含めるなど解釈は人それぞれ。故人と縁のある方々の「お別れしたい」思いをくみづらい葬儀でもある。
1日葬	通夜を行わず葬儀・告別式のみを行うもの。1日だけで済むため遺族の負担が少なくなるが、費用が大幅に削減できるわけではない。
直葬	葬儀を行わず火葬のみを行うもの。法律により最低24時間経過したのちでなければ火葬できないため（死因が特定の感染症の場合を除く）、1日は安置が必要。直葬は読経などがないため、遺体の処分と感じる人もいることから、親族などとトラブルになる場合がある。
無宗教葬 自由葬	宗教にとらわれず自由に行う葬儀。読経を行わない時間の過ごし方の準備が必要。対応している葬儀社に事前に相談・依頼しておくとよい。
市（区）民葬	故人もしくは喪主がその自治体の住民なら利用できる。自宅にて少人数で行う葬儀を想定している内容がほとんどのため、自宅以外で葬儀を行う場合は多くの費用がかかる。
お別れの会・ 偲ぶ会	葬儀が終わったあと日を改めて行う会。平服で出席し、ホテルやレストランなどでの軽食、献花などを行うのが一般的。①香典を受け取る、②香典を辞退、③会費制のいずれかになっており、主催が遺族の場合は①、会社などの場合は②、有志の場合は③が多い。これらの会は、香典より会費のほうが高かったり通夜より滞在時間が長くなったりすることから、この会より葬儀に呼んでほしかったという声もある。

※『読んで使えるあなたのエンディングノート』から引用。

46 葬儀

葬儀費用には何がある？

葬儀費用、飲食接待費用、寺院費用の3つの費用がある

喪主が費用を確保できるようにしておこう

おひとりさまの老後の備えとして、葬儀にどれだけ費用がかかるか知っておくことも重要です。自分が亡くなった時、葬儀などでいくら必要かを把握しておかないと、遺された親族に迷惑がかかります。

日本で一般的な仏式の葬儀費用は、葬儀社に支払う費用や菩提寺などにお渡しするお布施などが含まれます。その金額は、実際には地域や葬儀の規模、内容によって異なります。

葬儀費用には、3つの費用が含まれます。一つ目は主に葬儀社に支払う「葬儀費用」です。葬儀を行う上で必要な祭壇や棺などの品目のほか、葬儀社の人件費、斎場（式場）使用料や火葬料などが含まれています。二つ目は「飲食接待費用」で、参列者にお出しする料理や香典等に対する返礼品の費用です。三つ目は「寺院費用」で、お布施としてお渡しする読経料や戒名料などです。大まかな費用を把握するには、葬儀社から見積もりをもらうところから始めます。葬儀社を探し連絡してみましょう。なお、破綻、会館閉鎖などもありますから、事前に費用の支払いや予約はせず、あくまでも依頼先の候補としておきます。お布施についても事前に寺院に確認しておきます。

葬儀費用を準備する際に気をつけるべき点は、喪主が費用を確保できるようにしておくことです。死後事務委任契約があれば事前にある程度の費用を預けています。甥や姪など親族が財産管理をしてくれるのであれば、事前に預けておいたり、葬儀費用などを遺産から支払えるような遺言書を作成したりしておくなど対策が必要です。

＜葬儀でかかる主な費用＞

葬儀費用	葬儀社人件費、祭壇、棺、ドライアイス、骨壷、遺影写真、寝台車、霊柩車、斎場利用料、火葬料　など
飲食接待費用	料理、飲み物、会葬返礼品　など
寺院費用	読経料、戒名料、御膳料、御車代などのお布施

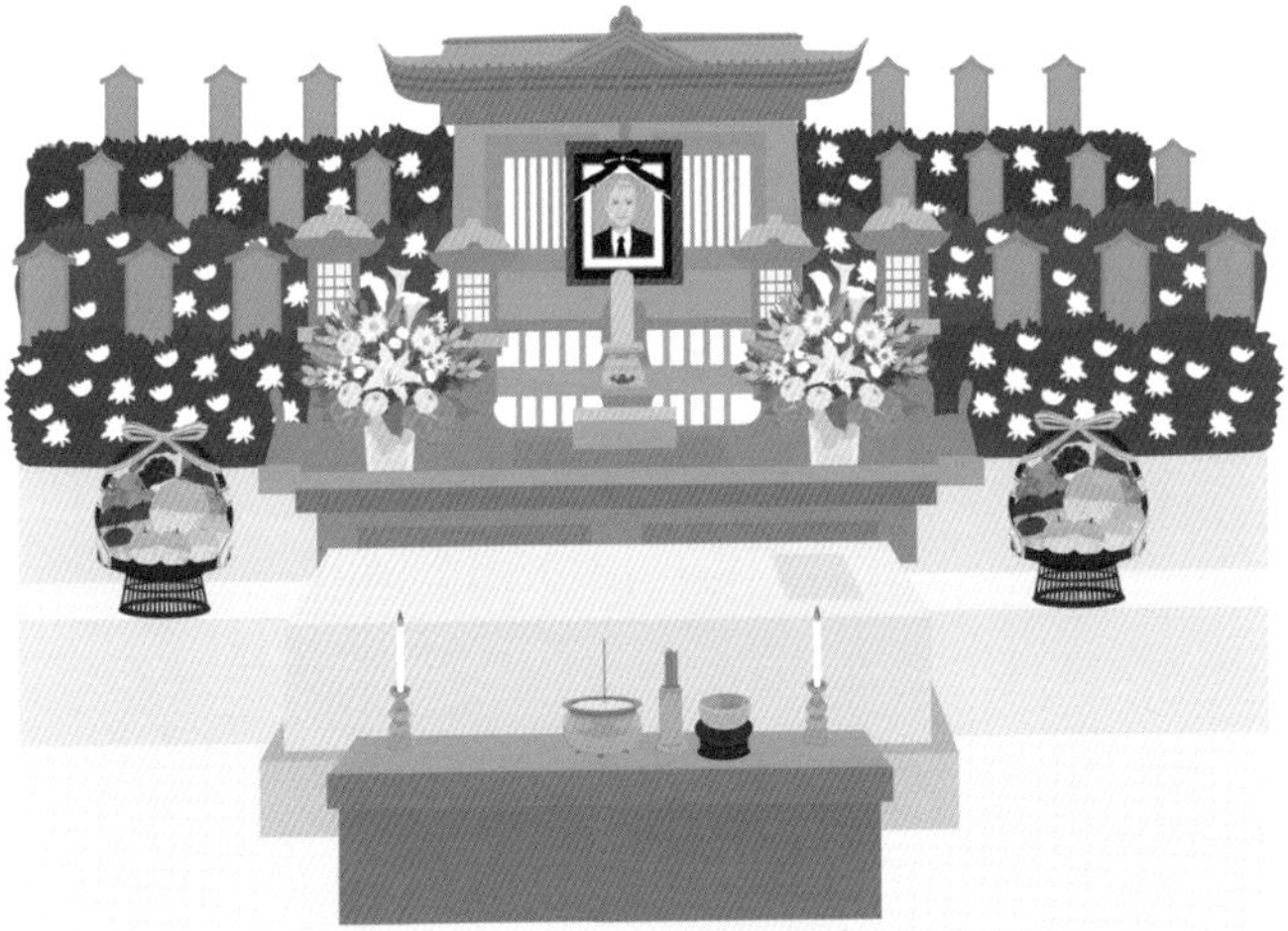

47 お墓にはどんな種類があるの？

どの墓地にお墓を持つのか、墓地の種類、お墓の種類を知っておこう

自分にあった「墓選び」のために特徴をおさえておこう

墓地は大きく分けて、「寺院墓地」「民営墓地」「公営墓地」があります。

寺院墓地は、日々の供養や管理などを行ってくれるため、供養を第一に考える人にはよいお墓です。

祭祀承継者（お墓などを継ぐ人）のいないおひとりさまは新たにお墓の建立はできませんが、通常、お墓を建立する場合は檀家になる必要があります。

ただし、永代供養の墓の場合は檀家にならずともお墓を持つことができます。

民営霊園は、宗教の自由が多く、お墓のタイプもさまざまで、ペットの火葬施設やペットと入れるお墓がある場合もあります。石材店を自由に選べない制限がありますが、震災などで墓石が倒壊してしまったような場合でもすぐに対処してもらえる利点があります。

公営霊園は宗教に縛りがなく、民営や寺院の墓地より安価ですが、応募時期や資格（居住地域・遺骨がすでにあるなど）が限定されるため、誰でもお墓が持てるわけではありません。

もし、今ある親族のお墓に入りたい場合、入ることも可能です。たいていは、墓地の規約で親族ならよいとされていますが、現在の祭祀主宰者（祭祀を承継し、現在墓を管理している人）がお墓に入ることを許可しなければなりません。

＜墓地・霊園の種類＞

種類		概要・注意点など
墓地・霊園	寺院墓地	宗旨・宗派が問われるが、日々の供養や管理などを行ってくれるため、供養を第一に考える人にはよいお墓。かかる費用は寺院次第。永代供養の墓の場合は檀家にならずともお墓を持つことができる。
	民営墓地	宗教自由が多い。ペットの火葬施設やペットと一緒に入れるお墓がある霊園もある。災害などで墓石が倒壊してしまったような場合でもすぐに復旧される。
	公営墓地	宗教自由。応募時期や資格（居住地・遺骨がすでにあるなど）が限定されるが民営の墓地より比較的安価。霊園により生前購入できる場合もある。

＜お墓の種類とタイプ＞

お墓の種類	内容
家墓（代々墓）	先祖代々から続くお墓など。「〇〇家之墓」「〇〇家代々之墓」など。なかには、南無妙法蓮華経や南無阿弥陀仏など、宗派の題目や経文を刻むこともある。
夫婦墓	子のない夫婦が永代供養墓で建てることが多い。墓石には2人の戒名や俗名が刻まれる。
両家墓	ひとりっ子どうしの結婚により、両家のお墓をひとつにしたお墓。「〇〇家」「AA家」と両家を並べて刻んだり、「絆」「憩」など好きな1文字を刻むことも。
個人墓	その人だけが入るお墓。独身で跡継ぎがいない人が多く、永代供養墓で準備する場合がほとんどとなる。
合祀墓（合葬墓）	大きなオブジェクトやモニュメントなどのなかに遺骨をそのまま埋蔵する。個別ではなく、いろいろな人とともに埋蔵される。
納骨堂	ロッカー式、棚式、仏壇式、墓石式、自動搬送式など、納骨される形式によって異なる。墓石式は、墓地のように区画が作られた屋内のお墓でお花や線香を供えることができる。自動搬送式は、遺骨が自動的に祭壇に運ばれ、そこでお参りができる。
樹木葬	墓標とした木の周囲に埋蔵したり、購入した区画に墓石代わりの木や草花を植えたりする。

48 永代供養の墓や散骨を選ぶ際の注意点は？

お墓

お墓の種類のみならず、供養の期間も考えよう

供養する人のことを考えて決めよう

永代供養の墓には、納骨堂、樹木葬、合葬墓といったお墓があります。そして、散骨という選択肢もあります。注意点を知っておきましょう。

「永代供養」とは、墓地管理者が一定期間遺骨を管理・供養し、期間経過後は他の遺骨と一緒にして供養されるお墓です。期間は墓地により異なり、7年、13年、33年などと定められおり、期間終了後は別の場所へ合祀されます。

納骨堂は、骨つぼのまま遺骨を預けるタイプのお墓で、棚式、ロッカー式、自動搬送式などがあります。タイプによっては1カ所に複数の遺骨を納めるため、収容できる数が決まっているものもあります。その場合、そこに何柱(何人)入れられるのかの確認は必要です。

樹木葬は、墓石の代わりに木を植え埋蔵するタイプと、シンボルツリーの周囲に埋蔵するタイプがあります。できたら冬に見学に行き、木々が枯れた景色や周辺の環境を見て、寂しくないと感じるか否かの確認もしておきましょう。

永代供養墓は、個別墓や集合墓などのタイプもありますが、一般的には合葬墓（合祀墓）を指すケースが大半です。合葬墓は他のお墓に比べて安価という理由で選ぶ人がいますが、基本的に一度合祀されたら遺骨は取り出せません。

散骨は海洋散骨が主流ですが、山、成層圏、宇宙などへの散骨もあります。散骨はどこでもできるわけではなく、条例で禁止されていたり、風評被害、土地所有者や近隣とのトラブルに発展したりする可能性もあります。パウダー状の遺灰にして散骨するため、散骨業者に依頼して行うのが賢明です。なお、全部撒かずに一部を散骨して一部を別の形で供養することもできます。

＜永代供養・散骨・手元供養＞

「永代供養」は、墓地管理者が一定期間遺骨を管理・供養し、期間経過後は他の遺骨と一緒にして供養されるお墓。宗派不問が多い。

永代供養の墓	永代供養墓	個別タイプや集合タイプもあるが、合祀（合葬）タイプが一般的。合祀（他の遺骨と一緒に埋蔵）後は基本的に取り出すことはできない。
	樹木葬	シンボルツリーの周囲に埋蔵したり、墓石の代わりに購入した区画に木や草花を植えたりする。樹木や草花を多く使う墓地であるため、冬に見学に行きイメージと違わないか確認をしておくとよい。
	納骨堂	遺骨を預けるタイプのお墓。納骨箱などがある場合は、そこに何柱（何人）入れられるのか確認が必要。自動搬送式は年間管理料が高め。
散骨	海	船で散骨ポイントまで移動し、パウダー状にした遺灰を散骨する。散骨の良否はわかれるため、否定的な人の心ない言葉で傷ついたり後悔したりする人もいる。一部のみを散骨し、残りを供養するなどもできる。なお、条例により散骨を制限している場所があるため、どこでも撒けるわけではない。
	山・島	場所が限定されているが、山や島などへ散骨。宗教者同行や遺族のみで行うなどがある。
	成層圏	直径1.5～2mの巨大バルーンに遺灰を入れ、高度35～40kmの成層圏付近で割れることにより散骨。
	宇宙	カプセルに遺灰数グラムを納め、海外から宇宙へ打ち上げる。月面、人工衛星、宇宙空間などのタイプがある。
手元供養		納骨箱のままや、ミニ骨壺などに分骨して自宅で供養。ダイヤモンドや真珠などに形を変えたり、ネックレスや指輪、数珠などに加工したりして弔う方法もある。知らない人の遺骨を継ぐのが嫌な人もいるため、その時の方法も考えておく。

手元供養

納骨堂

お墓

49 今あるお墓をどうするか考えよう

墓じまいを考えるときは、4つの方法を検討しよう

今あるお墓をどこに移すのか、早めに考えておこう

「墓じまい」とは、墓石を撤去し、墓所（お墓の区画がある場所）を更地にして「永代使用権」を墓地管理者に返還することをいいます。「改葬」とは、墓じまいをしたうえで「遺骨を別の場所に移す」ことです。ここでは、市区町村役場の手続きが必要な場合のみ「改葬」を使い、それ以外は「墓じまい」に統一します。

おひとりさまの人が祭祀主宰者としてお墓を管理している場合、そのお墓を管理する人がいなくなるため、どうするかといった問題が生じます。そもそも、寺院や霊園などの区画にお墓がある場合、その区画を購入しているわけではなく「永代使用権」という権利を購入しています。永代使用権とは、祭祀承継者がいる限り使用してよいという権利で、祭祀承継者がいないときには、墓所を更地にし、墓地管理者に返さなければならないという決まりがあります。

墓じまいを検討する場合、次の4つの方法を考えてみましょう。①親族に継いでもらう、②可能なら今あるお墓の場所のまま、永代供養をしてもらう、③今お墓がある墓地の敷地内に永代供養の墓があればそこに遺骨を移す、④別の場所へ遺骨を移す、です。

勘違いしている人が多いのですが、祭祀財産（お墓、仏壇・仏具、系譜など）は相続財産ではないため、相続人ではない人も継ぐことができます。ですので、まずは親族に打診して、継いでくれるのなら墓じまいは必要ありません。

そして、③と④なら負担は③のほうが少なく済みます。④は墓地管理者からもらう書類や、市区町村役場の改葬許可が必要ですが、同じ墓地に移す③は、基本的に市区町村役場の許可なく移転できるからです。

「お墓」で考えておきたいこと

・祖先のお墓に入りたいと思っている場合

→次の承継者（祭祀承継者）がいないと難しい
→祭祀承継者の許可がないと、そのお墓には入れない
→祭祀承継者がいない場合、そのお墓は「墓じまい」が必要になる

・継いでいるお墓はあるけれど、そのお墓に入らない場合

→お墓を探す必要がある
→祭祀承継者がいない場合、そのお墓は「墓じまい」が必要になる

・継いでいるお墓もなく、入るお墓もない場合

→お墓を探す必要がある
→祭祀承継者が不要の「永代供養の墓」にする必要がある

今あるお墓をどうするか

①親せきに継いでもらう

親せきが引き受けてくれるかを打診。誰も引き受けてくれない場合は、墓じまいをする旨を伝える。新しく設けるお墓の場所に要望があるか意見を聞いておくとよい。

②今あるお墓の場所（墓所）で永代供養してもらう

墓地管理者（寺院や霊園など）の承諾が得られれば可能。可能な場合、いずれ墓じまいをするための費用などを先に納める必要がある。不可の場合は③か④を行わなければならない。

③墓地内にある永代供養の墓に移す

お墓がある墓地の敷地に永代供養の墓があれば、そのお墓を購入し、そこに遺骨を移す。今まであったお墓は取り壊し、石材店に更地にしてもらう必要がある。

④今の墓地ではない場所に遺骨を移転する

改葬許可がないと他の墓地等に移転ができないため、改葬の手続き（116ページ）が必要になる。親せきに断りもなく改葬すると、親せきとトラブルになる可能性があるため、事前に打診してから行ったほうが無難。

※③と④なら③のほうが話がスムーズに進みます。

50 墓じまい

お墓の改葬・墓じまいはどうやるの?

遺骨を別の場所に移転する「改葬」は、市区町村役場の許可が必要

墓じまいは、①今お墓がある墓地に永代供養の墓があればそこに移す、②遺骨を別の墓地に移すという選択があります。ここでは、改葬の手続きが必要な②の流れをみてみましょう。なお、お墓は寺院の菩提寺にあるとします。

今あるお墓の敷地に永代供養の墓がない場合や、自宅近くにお墓を設けたいなどの場合は②の選択になり、役所の手続き(改葬手続き)が必要です。

改葬をするには、今お墓がある市区町村役場から「改葬許可申請書」を入手し、住職から「埋蔵証明書」をもらい、移転先の墓地管理者から「受入証明書」をもらいます。この3点を市区町村役場に提出し、「改葬許可証」を取得します。改葬許可が出たら、住職や石材店と日時を決め、住職に「閉眼供養(魂抜き)」をしてもらい、石材店が納骨室から遺骨を取り出します。取り出された遺骨を納骨するには、移転先の住職や石材店と日時を決め、「開眼供養(魂入れ)」や「納骨供養」をしてもらい、石材店に納骨してもらいます。

改葬には、今あるお墓と移転先のお墓の住職や石材店なども関係します。しっかり段取りをつけてから進めるようにしましょう。

お墓の移転先で手続きの煩雑さは変わる

お墓は、祭祀主宰者自身の財産ではありません。そのため、親族の意向も確認せず勝手に墓じまいをしてしまうとトラブルになることがあります。

そのため、もし親族がいる場合は、お墓を継いでもらえるか確認をとってみましょう。親族が継げないのなら、菩提寺などの墓地管理者に「親族も継げないため墓じまいをしたい」という理由として伝えられます。

そして、115ページにあるように、

改葬の主な手順

手順	内容・注意点
①新しいお墓の準備	現在の墓地管理者に事情を説明し、改葬承諾を得る。それから新しいお墓を取得する。
②受入証明書を取得	新しい墓地管理者から受入証明書を発行してもらう。
③改葬許可申請書を取得	今あるお墓の市区町村役場から改葬許可申請書を入手する。
④埋蔵証明書を取得	現在の墓地管理者から埋蔵証明書を発行してもらう。
⑤改葬許可証を取得	改葬許可申請書、埋蔵証明書、受入証明書を今あるお墓の市区町村役場に提出し、改葬許可証を取得する。
⑥遺骨の取り出し	事前に寺院等へお墓の閉眼供養（魂抜き）を依頼しておく。また、石材店へ遺骨の取り出しやお墓の解体工事なども依頼しておく。
⑦墓所の原状回復	後日、石材店に墓所を更地にしてもらう。
⑧新しいお墓に納骨	開眼供養（魂入れ）や納骨供養などを行う日時を寺院等と決めておき、新しいお墓に納骨する。

お墓を選ぶ際の注意点

- 自分のお墓、もしくは改葬後の遺骨の移転先としてお墓を探す場合は、現地の見学をしておこう。
- 供養してくれる親族がいる場合は、供養する側の気持ちにも配慮して決める。
- 一度購入したお墓は原則返還や転売ができず、年月とともに墓石の破損・倒壊の可能性もあり、購入時から年間管理料がかかるお墓もある。お墓を早めに購入するリスクも考えておこう。

51

「お墓」でかかる費用には何がある？

お墓の購入費だけでなく、管理・供養してもらうお金などさまざまな費用がかかる

お墓は購入すると基本的に返還できません。倒壊・破損リスクもあるため、購入するタイミングも大切です。

寺院の格式や場所（地域）などでも金額は違う

納骨堂や樹木葬、合葬墓など「永代供養の墓」は、購入時に費用がかかります。タイプや地域、寺院の格式によりますが、納骨堂は20万円～１００万円程度、樹木葬は10万円～１００万円程度、合葬墓は5万円～50万円程度です。永代供養の墓として建立する場合は、１００万円～３００万円程度です。

また、墓地によっては年間管理料が別途必要になるケースもあります。永代供養料は購入費用に含まれていることが大半ですが、何の費用が含まれているのか、購入後や今後、どのような費用がかかるのかしっかりと確認しておきましょう。事前購入の場合、葬儀や納骨時にその墓地の住職に読経を依頼する必要があるのかの確認もしておきたいものです。

海洋散骨の場合、船をチャーターするのか、複数組が合同で乗り合うのか、業者に遺骨を預けて散骨してもらうのかによって費用は変わりますが、5万円～40万円程度です。ただし、遺骨をパウダーにするための粉骨料が散骨料金に含まれているかの確認はしておきましょう。

お墓でかかる費用の種類

永代使用料	お墓の区画を使用する権利の費用。原則、一度支払った費用は返還されず譲渡もできない。承継者がいなくなったら更地にして返還する義務がある。
入檀家料	檀家になる時に必要になる場合がある。
永代供養料	一定期間の供養料。
年間管理料	毎年かかる費用。清掃や整備、光熱費などに使用される。一定期間滞納すると契約解除になりお墓が撤去される場合がある。
墓石代 工事費	お墓の購入費のほか、墓石や墓碑・墓誌に故人の名前や没日を彫る費用、納骨室の開閉、改葬時にはお墓を更地にする費用がかかる(石材店へ依頼)。
法要費用	納骨、四十九日、一周忌、盆、彼岸などの際にお布施や会食費がかかる。新しいお墓に納骨する際には開眼供養(魂入れ)、お墓を閉じる時には閉眼供養(魂抜き)も必要。

お墓を選ぶ前に考えておきたいこと

確認事項	ポイント
宗旨・宗派	墓地を選ぶ場合には確認が必要。
祭祀承継者	次の承継者がいなければ永代供養の墓を選択。
埋蔵・収蔵・散骨など	お墓の下に埋蔵するのか、納骨堂へ預けるのか、散骨するのか、手元供養するのか。
場所	風景、環境(階段、坂道、日当たり、水はけ、道幅、駐車場からの距離など)、交通の便(駅からの距離、バスの本数、タクシーの有無や料金など)も考慮して決める。
購入時期	事前に購入(契約)するのか、葬儀のあとに購入するのか。
今後の費用	永代供養料、改葬費用、お布施、年間管理料などどの程度かかり、その費用はどうするのか。
供養する側の気持ち	供養したい人の気持ちを無視していないか、墓参りに行きやすい場所なのか。

※『読んで使えるあなたのエンディングノート』から引用。

52

エンディングノート

エンディングノートに残しておきたい情報は？

医療、お墓、葬儀、遺品、財産などの情報を残しておく

行ってくれる人が困らないよう情報を残しておこう

生前や死後の委任契約、遺言書を準備している場合、相手方にある程度情報は伝えているでしょうが、気持ちや状況が変わるかもしれません。事情があって事前に準備できない場合は、なおさら支援してくれる人に向けて必要な情報を残しておくことが大切です。

エンディングノートなどに残しておきたい情報としては、血液型やアレルギー、かかりつけ医、日常薬、病歴や手術歴などの医療情報、延命治療や告知などのほか、「事前指示書」（32ページ）も活用し、治療方針も残しておきましょう。また、自分と支援する人のために、自分の嗜好や日課なども詳しく書いておきます。

介護に関しては、単に要望を残しても、おひとりさまの場合は叶えてくれる人がいなければ難しいもの。契約相手や確実に支援してくれる甥や姪がいるのなら、直接話をしておくことが大切です。

そして、葬儀は１０６ページを参考に、遺品も88ページを参考に具体的な要望や情報を残しておきます。

財産に関しては、どこの銀行や証券会社と取引をしているのか、保険証券の保管場所、クレジットカードはカード会社情報を残しておきます。この時、残高など財産額がわかる情報は不要です。不動産は、固定資産税の納税通知書に記載されていないものは記入しておきます。そのほか、契約書や重要な通知書などの保管先、口座自動引き落としになっているものなど解約が必要な情報、特に、デジタル情報は92ページを参考に残しておきましょう。第三者に知られると困る重要な情報は、あえて残さず、管理してくれる人に伝えておくことも大事です。また、要望を残す場合は意図がわかるように、理由も添えて残しておきましょう。

遺言書とエンディングノートの違い

	遺言書	エンディングノート
書く内容	相続分の指定や財産の処分、認知等身分に関すること	病気、介護、葬儀、お墓、遺品、財産、自分史、趣味嗜好等
方式等	あり。要件を満たさなければ無効	なし
法的効力	あり。死後に効力を発する	なし

残しておきたい情報

・病歴、手術歴、持病、日常薬（お薬手帳）、かかりつけ医、アレルギー情報など
・緊急連絡先（専門家等へ依頼している場合は専門家の連絡先も）
・告知や延命治療の要望と理由
・菩提寺の連絡先、宗派、訃報の連絡先、遺影用写真の保管場所
・（お墓を継いでいる場合）墓地管理者の連絡先や規約、お布施の額、石材店の連絡先
・預貯金・有価証券情報（残高、暗証番号、通帳保管先などは不要）
・保険証券、契約書などの保管先
・口座引き落とし情報、解約等が必要なものの情報
・スマートフォンやパソコンのロック解除方法（パスワードは別に残す）
・遺言書の有無（残さない場合は誰かに伝える。財産の分け方を書くのはやめる）
・レンタルしているモノ、預かり品などの返却先
・親族（相続）関係図、今までの本籍地住所と筆頭者の一覧（変更があれば）
・自分史、趣味嗜好など

※『読んで使えるあなたのエンディングノート』から引用。

エンディングノートの一例

●基礎情報

あなた自身の基本的な情報をまず残しておきましょう。

ふりがな 氏名	（旧姓）		性別 男・女
生年月日		血液型	型 RH ＋ －
住民票の住所	（世帯主）		
本籍地の住所			
自宅電話		携帯電話	

緊急連絡先

氏名	続柄・関係	居住地	連絡先

●菩提寺や葬儀社の連絡先、遺影用写真の保管場所

●菩提寺の連絡先

名称		宗派	
連絡先			

●予約している葬儀社、見積書作成してもらった葬儀社候補、希望の葬儀社

葬儀社名		場所	
連絡先		担当者	
積立予約 予定（候補）などがある場合	□積立している　□会員になっている 見積書を　□もらった　□もらっていない （書類保管場所：　　　　　　） ※わかる書類は貼り付けておくとよい （選んだ理由：　　　　　　） □この葬儀社を希望　※以前依頼したなど		

●遺影用写真の保管場所

解約・退会などが必要な情報

（ネット上での取引以外で所属している会、定期購入など）

名称・連絡先	会費・支払日	目的・理由・その他
Nの会Nサプリ 03-1234-5678	3カ月ごと定期購入。 4月から購入。 3,000円	1カ月前までに解約の連絡が必要

●遺言書の有無

遺言書の有無	□ある　□ない
作成した遺言書	□自筆証書遺言　□公正証書遺言　□

●遺言書の保管場所

遺言書保管場所	

●遺言執行者

（名前・関係・連絡先）

●趣味・嗜好

（例）好きな・苦手な（飲み物・食べ物・味付け・色・花・香り・音楽・言葉・環境など）、よく行く場所、行きたい場所、やってみたいこと・日課・こだわりなど

趣味	
好き・苦手な食べもの	
行きたい場所	
日課	
譲れないもの・こだわり	
これからやってみたいこと （実現可能性は考えなくてOK）	
何をしている時が幸せか	
ストレス解消法	

※金融情報は41ページ、ペットの情報の残し方は57ページを参照。

困った時の相談先は？

●困った時の相談先一覧リスト

項目	理由
地域包括支援センター	高齢者の生活支援、権利擁護、介護予防などの情報提供や相談のほか、高齢者の生活全般に関する相談に対応。
社会福祉協議会	高齢者福祉サービスや生活支援に関する相談や、車いす・シルバーカーの貸し出し、高齢者食事サービス、高年齢者の無料職業紹介など地域ごとにさまざまなサービスを提供。福祉サービスの利用援助、日常的金銭管理サービス、書類等の預かりサービスのほか、低所得者や高齢者へ資金の貸付けと必要な相談や支援を行っている。
市区町村役場	高齢者向けの生活支援サービスの紹介や、高齢者の虐待に関する相談に対応。
高齢者見守りホットライン	市区町村役場で、ひとり暮らしの高齢者に緊急通報装置の貸与、緊急時対応をしてくれる。
生活保護の相談窓口	市区町村役場で、実施する生活困窮者の相談受付。
介護保険の相談窓口	市区町村役場で、介護申請や介護サービスの利用に関する詳細情報や相談ができる。
民生委員	生活や福祉全般に関する相談・援助活動を行っている。
日本年金機構	ねんきんダイヤルなどで年金に関する相談に対応。
医療ソーシャルワーカー	医療と連携した相談や支援を提供。
弁護士※	法律問題に関する相談のほか、相続に関する業務の依頼ができる。
司法書士※	不動産登記の依頼や、相続に関する相談・業務の依頼ができる。

項目	理由
行政書士※	遺産分割協議書の作成、遺言書の作成などの依頼や、相続に関する相談・業務の依頼ができる。
税理士※	税務相談、準確定申告や相続税申告の依頼ができる。
ファイナンシャル・プランナー（FP）※	キャッシュフロー表の作成、保険の見直しなど、お金に関する相談ができる。

※はその業務を行っている専門家の場合

シニアクラブ/高齢者クラブ	高齢者の交流の場。情報共有も行われる。
コミュニティセンター	地域活動の中心として情報提供や相談の受付。
精神保健福祉センター	高齢者の精神健康に関する支援。
老人福祉センター	高齢者の社会参加を支援する施設で、健康増進、教養講座、レクリエーション活動などを行っている。
消費者ホットライン	消費者トラブルにあった時の相談窓口。188に電話すると最寄りの消費生活センターや消費生活相談窓口を案内してくれる。

おわりに

本書で紹介したさまざまな準備・対策は、今後生活するうえで自分自身が困らない時のために備えておくものです。準備は、できるときにしておかなければ難しくなります。いつか、そのうちと思っている間にその時期や機会を逃してしまうケースもあります。

誰しも不安になる将来を想像したくありません。ですが、子どもがいないならなおさら、あえて将来を想像し、不測の事態に備えておかなければいけないのです。

また、本書で紹介した準備以外にも大切なものはあります。健康維持、楽しく過ごせる仲間、居場所、趣味など人生を豊かにするものです。今まで考え、行動してきた結果が今の自分です。できる範囲にはなりますが、今後の人生をどのように過ごしていきたいのか、一度立ち止まって考えてみることも大切なのではないでしょうか。

最後に、今後準備・対策していく時は、一度専門家に相談したうえで行ったほうが確実です。自分なりの準備はかえって困る結果を招く場合があります。また、ケースに応じた細かな注意点もあります。

専門家選びで大事なのは「資格」ではなく「その業務を専門で行っているか」です。まずは窓口になってくれる人を探し、相談してみて下さい。その専門家などでは対応できないことは、その人から紹介してもらえたり情報を得られたりします。

ぜひ早めに、安心につながる準備をして欲しいと思います。

明石久美

Ending
Note

監修者　明石久美《あかしひさみ》

千葉県松戸市在住。

明石行政書士事務所代表、明石シニアコンサルティング代表。相続・終活コンサルタント、行政書士、ファイナンシャル・プランナー（CFP／1級）、葬祭アドバイザー。相続の専門家として、遺言書や家族信託契約の作成、おひとりさまの準備・支援（見守り・財産管理・後見・死後の手続き）、相続手続きなど相続業務を16年行っている。講師歴は18年。葬儀・墓・遺品整理などにも詳しいことから、終活が話題になる前から生前や死後の対策を含めたセミナーや研修を全国で行っている。そのほか、テレビやラジオ出演、新聞・雑誌等で相続、葬儀、墓、エンディングノートの取材、コラム執筆や監修、金融機関や葬祭業向けの終活教材も作成している。著書に『読んで使えるあなたのエンディングノート』水王舎、『障がいのある子が「親亡き後」に困らないために今できること』PHP研究所他多数ある。

<スタッフ>
編　　集：ユディットリアル株式會社
デザイン：西川雅樹
執筆協力：長沼良和
写真・イラスト：ピクスタ

<参考文献>
『読んで使えるあなたのエンディングノート』（明石久美著、水王舎）
『死ぬ前にやっておきたい手続きのすべて』（明石久美著、水王舎）
『障がいのある子が「親亡き後」に困らないために今できること』（明石久美著、PHP研究所）

子どもがいない人の 生前の備えと手続き
自分らしい最期を迎えるための終活ガイド

2024年6月15日　　第1版・第1刷発行

監　修　明石久美（あかし ひさみ）
発行者　株式会社メイツユニバーサルコンテンツ
代表者　大羽 孝志
〒102-0093東京都千代田区平河町一丁目1-8
印　刷　シナノ印刷株式会社

©ユディットリアル株式會社,2024. ISBN978-4-7804-2909-1 C2039　Printed in Japan.

ご意見・ご感想はホームページから承っております。
ウェブサイト　https://www.mates-publishing.co.jp/

企画担当：千代 寧